Frank Riedel
Die Schuld der Ökonomen

Frank Riedel

DIE SCHULD DER ÖKONOMEN

Was Ökonomie und Mathematik
zur Krise beitrugen

Econ

Econ ist ein Verlag
der Ullstein Buchverlage GmbH
ISBN: 978-3-430-20156-8
© der deutschsprachigen Ausgabe
Ullstein Buchverlage GmbH, Berlin 2013
Redaktion: Michael Schickerling, schickerling.cc, München
Alle Rechte vorbehalten
Gesetzt aus der Janson
Satz: LVD GmbH, Berlin
Druck und Bindearbeiten: GGP Media GmbH, Pößneck
Printed in Germany

Inhalt

Vorwort

Die Geschichte der wirtschaftlichen Verwerfungen der letzten Jahre ist inzwischen hinreichend beschrieben worden. Immobilien- und Hypothekenkrise, Verbriefungstricks und Staatsschulden sind uns so oft in den Medien begegnet, dass man kaum noch Lust hat, davon zu hören. Die strukturellen Ursachen all dessen sind aber noch nicht richtig aufgearbeitet. Es fehlt bei den beteiligten Akteuren – Banken, Politik und Wissenschaft – an Selbstkritik und Reflektion. Über Fragen der Schuld und der sich daraus ergebenden Konsequenzen auf Seiten der Banken, aber auch auf Seiten der Wissenschaft und der Politik, ging und geht man gerne zu eilig hinweg.

Auch wenn viele so schnell wie möglich zur Tagesordnung übergehen wollen, ist nicht zu leugnen, dass sich Wissenschaft, Banken und Politik neu aufstellen müssen. Wenn wir nicht rechtzeitig strukturelle Maßnahmen ergreifen, die das Bankenwesen neu strukturieren, Wirtschaftswissenschaft und Finanzmathematik eine neue Richtung geben und die Wirtschaftspolitik und ihre Beratung neu begreifen, wird aus der Krise dreier wichtiger Institutionen eine Krise, welche die Grundlagen unserer Gesellschaft erfasst und umwälzen kann.

Die Finanzmathematik spielt eine zentrale Rolle in der gegenwärtigen Misere. Wenn wir deren strukturelle Ursachen begreifen wollen, kommen wir daher nicht umhin, ein grundlegendes Verständnis für diese Wissenschaft zu entwickeln. Die Finanzmathematik gehört zu den großen wissenschaftlichen Errungenschaften der letzten fünfzig Jahre. Sie ist die erfolgreichste ökonomische Theorie, die je entwickelt wurde. Aber in Verbindung mit Marktmacht und falsch regulierten Märkten hat sie das Potenzial, uns in den Abgrund zu ziehen.

In den Medien und selbst in vielen gut recherchierten Berichten und kenntnisreich geschriebenen Büchern von Wirtschaftsjournalisten und Volkswirten tritt die Finanzmathematik nur als mystisches Wesen komplexer mathematischer Formeln und Tricksereien auf. Das ist falsch, denn die Prinzipien der Finanzmathematik sind nicht übermäßig komplex und unverständlich, sondern eigentlich recht einfach.

In diesem Buch biete ich eine allgemein verständliche Darstellung der Finanzmathematik und erkläre ihre eigentliche, richtige Verwendung. Ferner zeige ich die natürlichen Grenzen der Theorie auf und erläutere, wie sie von Wissenschaftlern und Banken weiter und weiter überdehnt wurde. Zusammen mit einer letztlich fatalen Regulierung des Eigenkapitals wirkte sie als Katalysator des Bankenzusammenbruchs.

Ein großes Problem entsteht, wenn die Finanzmathematik, die implizit einen freien, gut funktionierenden Wettbewerb unterstellt, auf Marktmacht trifft. Wenn eine Bank Produkte selbst erstellen und bewerten kann, deren Wert wiederum von Parametern abhängt, die sie selbst beeinflusst, ist der Anreiz zur Manipulation unermesslich. Ich erläutere dies am Beispiel des LIBOR-Skandals: Hier trifft ein Konstrukt aus den Zeiten des Gentleman-Bankings auf die moderne Wissenschaft. Dass es nicht schon viel früher Manipulationsversuche gab, ist eigentlich aus strategischer Sicht ein Wunder.

Ein gewisser Kulturverlust hat sich ebenfalls bei den Banken breitgemacht. Ich sehe ihn allerdings weniger als ein Charakteristikum gieriger Banker per se oder als Ausfluss des kapitalistischen Menschenbilds, sondern eher als Folge der systematischen Fehler des Bankenwesens, welche die Entwicklung gewisser Produkte beförderten wie auch eine irrationale Nachfrage auf Seiten der Gesellschaft erzeugten. Dies erläutere ich am Beispiel gewisser Zinsderivate, die unverantwortlicherweise an viele Kommunen verkauft wurden und große Verluste verursachten. Das zeigt, dass die Institutionen der Finanzmärkte allesamt unter dem Aspekt strategischer Manipulationsmöglichkeiten durchleuchtet werden müssen.

Die gegenwärtige Krise ist auch eine Krise der Wissenschaft und ihrer Politikberatung. Ich erkläre, warum die Modelle der Wirtschaftsforschungsinstitute grundsätzlich nicht in der Lage waren, die Finanzkrise vorherzusagen oder auch nur zu crahnen. Ich diskutiere grundsätzliche Grenzen der (gegenwärtigen) globalen Wirtschaftsmodelle; hier ist auch eine Reform der wissenschaftlichen Politikberatung nötig.

Jede Krise bietet aber auch Chancen. Für die Wissenschaft besteht sie in einer Neuorientierung von Finanzmathematik und Volkswirtschaftslehre und einem entsprechenden Forschungsprogramm, das die wissenschaftliche Analyse von strategischen Konflikten und Marktmacht mit der Finanzmathematik vereint. Die wissenschaftlichen Grundlagen hierfür bietet die Spieltheorie. Daraus ergibt sich ein faszinierendes Forschungsprogramm, das ich kurz skizziere.

Was die Politikberatung betrifft, so müssen wir meiner Ansicht nach fort von den heroischen, aber letztlich zum Scheitern verurteilten Versuchen, komplexe Wirtschaftsgebilde wie Deutschland oder die Europäische Union exakt vorhersagen zu wollen. Stattdessen sollte sich wissenschaftliche Politikberatung auf die Lösung konkreter gesellschaftlicher Einzelprobleme konzentrieren, die mit den gegenwärtigen Methoden beherrschbar sind.

Wie eine praktische Anwendung solcher Theorien aussehen könnte, zeige ich an Hand von zwei Beispielen. Ich diskutiere eine Bankensteuer, die nur die gesellschaftlich unerwünschte Spekulation bestraft, nicht aber den Mittelstand trifft oder die wirtschaftlich sinnvollen Aktivitäten der Banken erschwert. Ferner schlage ich eine Lizenzierung der Investmentbanken vor, wie dies auch in anderen Bereichen wie dem Mobilfunkmarkt erfolgreich geschehen ist. Marktmacht und Finanzmathematik erlauben es, hohe Renditen zu erzielen. Eine Lizenzierung durch Auktionen ermöglicht das Abschöpfen der Gewinne, ohne die eigentlich gewünschten Aktivitäten der Investmentbanken zu verzerren.

ERSTES KAPITEL

Reich durch Mathematik

Lassen Sie mich unsere Reise durch die Welt der Finanzmathematik und Wirtschaftswissenschaften mit einer persönlichen Anekdote beginnen. Als ich Ende der achtziger Jahre, noch vor der Wende und der Globalisierung, beschloss, Mathematik und Philosophie zu studieren, sagten mir viele, dass ich mich später bitte nicht ärgern möge, wenn andere im Alter von vierzig Jahren mehr Geld verdienten. Damals wies ich jeden Gedanken an das Studieren um des lieben Geldes willen empört von mir. Ich wollte kein »Brotstudent« sein, um Schillers Unterscheidung aufzunehmen, sondern um der Sache selbst willen studieren. Natürlich geht es für die meisten irgendwann doch auch um das liebe Geld oder die Brötchen, die sie für sich selbst und ihre Familie verdienen müssen, aber daran wollte ich damals nicht denken.

Wie das Leben so spielt, ergab es sich, dass man mit Mathematik reich werden konnte. Einige meiner Kommilitonen konnten sich inzwischen zur Ruhe setzen und sind als ehemalige Trader, »Quants« oder »Goldmänner« nun Privatiers. Die anderen Finanzmathematiker aus der Gruppe von Studenten der Humboldt-Universität Ende des letzten Jahrhunderts, zu der ich gehörte, sind Professoren für Finanzmathematik oder mathematische Wirtschaftstheorie geworden: Wir kommen durch. Natürlich ist nicht allen vergönnt, Professor zu werden, und es ist seit jeher eine Lebensweise für Mathematiker, bei der man ein gutes Auskommen hat. Aber wir sind eben auf einem neuen Gebiet Professoren geworden, einem Gebiet, das es vielleicht in der Form der Zins- und Lebensversicherungsmathematik schon vorher gab, das aber an ernsthaften Forschungsuniversitäten kaum eine Rolle spielte.

In den letzten fünfzig Jahren ist eine eigene Wissenschaft der Finanzmathematik entstanden, welche die Welt ähnlich stark verändert hat wie die Atomphysik hundert Jahre zuvor. Finanzen, finanzielle Anlageformen, »komplexe Derivate«, wie man gerne liest, wurden verstanden, entwickelt und leider auch missbraucht.

Der Nobelpreisträger Paul Samuelson, der in diesem Buch noch des Öfteren zu Wort kommen wird, sagte einmal: »When today's associate professor of security analysis is asked, ›Young man, if you're so smart, why ain't you rich?‹, he replies by laughing all the way to the bank or to his appointment as a high-paid consultant to Wall Street.«[1] In der Tat: Während der praktische veranlagte Unternehmer den akademischen Elfenbeintürmler früher gerne spöttisch fragte, warum er denn nicht reich sei, wo er doch so schlau sei, lacht ihn der Finanzmathematiker heute aus und lässt ihn stehen auf seinem Weg in die Londoner City oder die New Yorker Wall Street.

Andererseits mag so manchem inzwischen das Lachen im Halse stecken geblieben sein. Zumindest die besseren unter meinen ehemaligen Kommilitonen fragen sich, warum es mit den Banken, die sie so gut bezahlten, so schieflaufen konnte, und welche Rolle sie selbst eigentlich dabei spielten. Andere fragen sich, warum die Wirtschaftsforschungsinstitute und hochrangigen Berater der Politik die Probleme nicht haben kommen sehen. Die angebliche »Blindheit« der Ökonomen wird gern, und nicht immer zu Unrecht, verspottet.

Es ist also an der Zeit, sich Gedanken über die Rolle der Wissenschaft in der Krise zu machen, wobei ich hier durchaus eine gewisse Doppeldeutigkeit intendiere: Einerseits wollen wir untersuchen, welche Rolle Mathematik und Wirtschaftswissenschaften bei der Entstehung der gegenwärtigen Finanz-, Banken-, Immobilien-, Staats- und all der anderen Krisen spie-

len, andererseits sind zumindest Teile der Wirtschaftswissenschaften selbst in der Krise, gerade dort, wo sie eigentlich gesellschaftlich relevant werden sollen: in der Prognose und
Beratung von Politik.

Wir werden zunächst einen etwas anderen Blick auf die Finanzkrise werfen, als Sie es bisher gewohnt sind. Wir beginnen
nicht mit den großen Zahlen, die meist zuerst genannt werden.
Milliarden und Billionen verwirren den Geist nur unnötig,
wenn man die Prinzipien verstehen will. Also blenden wir
zunächst einmal Banken und Immobilien sowie Staaten und
Eurokrisen aus.

Wir gehen anders vor. Wir stellen uns vor, dass wir vor der
Titanic stehen, wie sie im Hafen von Southampton liegt. Aber
im Gegensatz zu allen anderen staunenden Zuschauern versuchen wir, uns nicht von den Superlativen und den Schönhei-
ten des neuesten und größten Schiffes aller Zeiten blenden zu
lassen, sondern wir bitten darum, über die Reiseroute und den
Wetterbericht zu reden. Das wird natürlich in der allgemeinen
Begeisterung niemanden kümmern.

Für unser Buch werden die Rolle von Reiseroute und Wetterbericht von gewissen technischen Details der Regulierung
übernommen. Während des Booms der Finanzmärkte war es
in ganz ähnlicher Weise schwer, Banken und Politiker für diese
technischen Seiten zu interessieren. Solange die Aktienmärkte
und Immobiliengeschäfte blendend liefen, bestand wenig Be-
darf, sich mit scheinbar schwierigen Details auseinanderzuset-
zen; für diese Dinge hatte man ja die Mathematiker und Physiker in den Banken und wollte ansonsten aber seine Ruhe haben.

Nun ist die Finanzwelt ebenso wie die Titanic untergegangen, und ich hoffe, dass inzwischen mehr Interesse besteht,
sich nicht nur mit den großen Zahlen und moralischen Vorwürfen zu beschäftigen, sondern auch einmal gewisse technische Ursachen der Katastrophe zu betrachten. Daher beginnen
wir unsere Analyse mit einem technischen Detail, das ein wich-

tiger Auslöser der Finanzkrise war: die Art und Weise, wie Risiko in den Banken gemessen wird, mit dem so genannten Value at Risk. Die Finanzkrise wurde nämlich nicht von allgemeinen Prinzipien des Kapitalismus wie der Haftungsbeschränkung oder einer moralischen Verwerflichkeit des Systems an sich ausgelöst, sondern von sehr konkreten Fehlkonstruktionen und Fehlentscheidungen. Eine dieser Fehlkonstruktionen ist Value at Risk.

Diese Art, Risiko zu messen, allein kann die gesamte Krise natürlich nicht erklären. Wie beim Untergang der Titanic kommen weitere Faktoren hinzu. Die Rolle des Eisbergs übernimmt in meiner Analyse die Finanzmathematik. Denn ähnlich wie ein Eisberg wird sie kaum wahrgenommen, birgt aber ungeheures Potenzial. Sie hat es uns ermöglicht, Unsicherheit und Risiko in geradezu atomarem Detail zu verstehen. Dies bedeutet aber auch, dass man sie zu Dingen benutzen kann, für die eine Gesellschaft insgesamt sie idealerweise nicht benutzen sollte. Deshalb scheint es mir von äußerster Notwendigkeit, dass sich unsere Gesellschaft ein Bild der Finanzmathematik macht, um dann zu entscheiden, wie wir in Zukunft mit ihr umgehen wollen. Hierzu müssen wir sie natürlich zuerst einmal verstehen. Ich versuche, das im dritten Kapitel zu leisten und zeige anschließend ihre natürlichen Grenzen auf.

Zur Titanic gehören natürlich auch ein Kapitän und ein Erster Offizier, der das falsche Ausweichmanöver durchführt. Diese Rolle habe ich meinen Freunden und Kollegen von den Wirtschaftsforschungsinstituten vorbehalten; mit Recht wurde die »Blindheit« der Institute in den Zeitungen verspottet. Die Krise ist eben auch eine Krise der wissenschaftlichen Politikberatung, und wir Wissenschaftler sollten uns dem stellen. Ich versuche in diesem Buch zu zeigen, was Wirtschaftswissenschaft kann und eben auch nicht kann. Für die zukünftige Gestaltung der Märkte ist dies unentbehrlich.

Dann wollen wir uns an Bord wagen, die Titanic legt ab.

ZWEITES KAPITEL

Mit Finanzmathematik tricksen:
Value at Risk und die Folgen

Wenige Menschen interessieren sich für gewöhnlich für die technischen Details eines Bauwerks oder eines Dampfers. Die statischen Feinheiten einer Architektur, die neuesten physikalischen Eigenschaften der verwendeten Materialien oder die letzten Errungenschaften der Schiffsbaukunst faszinieren nur eine Minderheit, werden weder von Medien noch Politikern gerne im Detail studiert, und die Einschaltquoten der Talkshows sänken bei dem Versuch, solcherlei schwierige und scheinbar lästige Kleinigkeiten zu erörtern. Und doch sind es zuweilen diese Details, die ein Bauwerk zu Fall bringen.

Im Falle der Finanzkrise lautet eines dieser »technischen Details« auf den englischen Namen »Value at Risk«, also in etwa »der Wert, der auf dem Spiel steht«. Value at Risk, abgekürzt VaR, soll das Risiko einer Bank oder eines Portefeuilles beziffern.

Dem Leser mag es wundern, dass ich eine mathematische Kennzahl an die Spitze meiner Analyse stelle, wo wir doch in den letzten Jahren deutlich genug gelernt haben, dass die Wirtschaftskrise, die wir durchlaufen, zunächst mit einer Immobilienkrise begann, die auf unverantwortliche Vergabe von Immobilienkrediten an nicht zahlungskräftige Kunden zurückzuführen ist. Sind nicht die gierigen Spekulanten, die Trader mit ihren riesigen Boni oder gar der »angelsächsische Kasinokapitalismus« insgesamt mit seinen komplexen Derivaten wie »Credit Default Swaps« und »Asset-backed Securities« Schuld? Und wie sieht es mit der Rolle der Ratingagenturen aus?

All diese Faktoren gehören natürlich zur Krise; im Gegensatz zu den meisten bisherigen Analysen möchte ich jedoch herausstellen, dass diese Ereignisse die Symptome sind, nicht die Ursache der Krankheit. Die Vergabe von Krediten an nicht zahlungskräftige Schuldner wäre ohne die Manipulationsmöglichkeiten, die Value at Risk bietet, nicht möglich gewesen. Stellen Sie sich einmal vor, dass in einem Meeting ein Banker vorschlägt:»Wir vergeben nun Kredite in großem Stil an Kunden ohne Arbeit und Einkommen und verlangen auch keine Sicherheiten.« Als Witz wäre es vielleicht noch durchgegangen, aber natürlich würde dies keine Bank der Welt auch nur in Erwägung ziehen. Es muss also subtiler zugegangen sein. Und mein Ziel ist es, diese subtileren Ursachen und Gründe aufzuzeigen.

Die im Grunde gute Idee hinter einem»Risikomaß« wie Value at Risk besteht darin, das Risiko von komplizierten und vielfältig gemischten finanziellen Anlagen auf einen Geldbetrag zu reduzieren. Einen Teil dieses Betrags sollte man sinnvollerweise zurücklegen und immer liquide haben, um im Krisenfall gewappnet zu sein.

Value at Risk begann seinen Siegeszug mit einer Reform der Bankenregulierung, die unter dem Namen»Basel II« bekannt wurde und eigentlich zum Ziel hatte, die Versorgung der Wirtschaft mit Kapital besser zu gestalten und die Anforderungen an das Eigenkapital der Banken auf den modernen Stand der Technik zu bringen. Die Entwicklung der Finanzmärkte, angetrieben durch die bahnbrechenden Erkenntnisse der Finanzmathematik und die dadurch entstandene Nachfrage nach Optionen und anderen Derivaten, hatte zu dem Bedürfnis geführt, Risiken besser zu quantifizieren und mit den modernen Techniken zu erfassen. Für das Management und auch die Bankenaufsicht war dies von großem Vorteil: Es war nicht mehr nötig, zu fragen, in welche Produkte der Händler investierte (was dann ja auch bedeutete, dass man diese Produkte verstehen musste), sondern man konnte sich auf die simple Frage beschränken:»Wie hoch ist sein VaR?«

Für den Mittelstand und kleinere Banken ohne Investment-
abteilung war Basel II eine starke und oftmals als zu streng beklagte Regulierung. Für Banken und Institutionen, die sich
Finanzmathematiker leisten konnten, war aber das Gegenteil
der Fall: Mit Value at Risk war es ab sofort möglich, jegliche
Regulierung auszuhebeln. So konnte man beliebig hohe Risiken einzugehen, *ohne* jegliches Eigenkapital zu hinterlegen.

Ich hoffe, diese Tatsache ist dramatisch genug, um Ihr Interesse zu wecken, Value at Risk und die Finanzmathematik, mit
der man es aushebelt, besser kennenzulernen. Die Fortschritte
der Finanzmathematik erlauben es, Unsicherheit und Risiko
im atomaren Detail zu verstehen. Wenn man dann gewisse Hebel falsch legt, und einer dieser Hebel ist eben VaR, dann entstehen auch Katastrophen atomaren Ausmaßes.

Natürlich erfordert dies, sich näher mit den angeblich »technischen« Details der Finanzmärkte zu beschäftigen, als man
üblicherweise gewohnt ist, sonst gelangt man leicht zu den falschen Schlussfolgerungen. So behauptet der Nobelpreisträger
Joseph Stiglitz in seinem Buch *Der freie Fall* etwa, dass die jah-
relange Deregulierung der Finanzmärkte schuld an der Krise
sei und dass es ein »Marktversagen« gegeben habe, weil der
»Markt« Risiken falsch eingeschätzt habe. Wie ich hier zu
zeigen versuche, ist in gewisser Hinsicht das Gegenteil der
Fall: Die Regulierung ist schuld an der Krise, und der »Markt«
hat in der Hinsicht funktioniert, als die großen Akteure des
Marktes die Möglichkeiten, die Regulierung auszutricksen,
sehr wohl erkannt und für sich ausgenutzt haben.

Wir treffen hier auf ein bekanntes Phänomen in den Wirtschaftswissenschaften: Es gibt eine reine, wenn man so will,
»Newtonsche« Theorie der freien Märkte, in denen Angebot
und Nachfrage im freien Spiel der Kräfte stets ein effizientes
Gleichgewicht finden. Fehler wie das systematisch falsche Einschätzen von Hypothekenrisiken würden in dieser Theorie nicht
auftreten. In der Wirklichkeit sind die Märkte natürlich gar

nicht frei; man denke an die Vielzahl von Steuerregeln und Aufsichtsbehörden, welche die Märkte beaufsichtigen. Nun hat man das Problem, dass man bei einer Wirtschaftskrise nie genau weiß, woran es lag: am Mangel an Freiheit oder am Mangel an Regulierung? Die zumeist eher politisch rechten Anhänger der freien Märkte behaupten stets, dass die Märkte eben nicht frei genug gewesen seien, während eher linksliberale Wirtschaftspolitiker wie Joseph Stiglitz die Probleme für sich selbst nutzen wollen und der Deregulierung die Schuld geben.

Wichtiger ist es meiner Ansicht nach, zunächst einmal im Detail die Dinge zu verstehen, bevor man große Sprüche klopft. Ich möchte hier folgenden Punkt verdeutlichen: Die fatalen Wirkungen sind durch eine falsche Verbindung von Freiheit und Beschränkung entstanden. Die Regulierung setzte falsche Regeln durch, die sich ausbeuten ließen – und die Märkte hatten genügend Freiheit, diese Ausbeutung zu betreiben. Die Kombination aus fehlerhafter Regulierung und freien Märkten bildet die Basis für das Verständnis der Finanzkrise.

Ich möchte aber auch den Schrecken vor der Mathematik nehmen, wenn dieses heroische Unterfangen denn im Bereich meiner beschränkten Möglichkeiten liegen sollte. Die Mathematik wurde nämlich durchaus benutzt und missbraucht, um von kritischen Nachfragen abzulenken und um gewisse Tricks zu verstecken. Zu leicht ließen sich alle von der Aussage blenden, dass es sich bei den Derivaten um »hochkomplexe mathematische Produkte« handle, die dem Laien nicht verständlich zu machen seien.

Ich werde Ihnen zeigen, dass die Grundprinzipien, die in der Finanzmathematik am Werk sind, sich auf recht einfache kleine Rechnungen zurückführen lassen, die Sie in der achten Klasse schon beherrschten. Es ist wichtig, dass unsere Gesellschaft dies versteht, damit sie sich in Zukunft nicht mehr blenden lässt. Dies gilt auch für die Banken selbst und gerade auch für die Bankenaufsicht, die zum Teil bewusst, aber zum Teil auch unbewusst ein falsches Bild der Finanzmathematik zeichnen. Wenn wir die Ursachen und Auslöser der Finanzkrise verstehen wollen, kommen wir nicht umhin, uns ein wenig mehr mit den Details zu beschäftigen als üblich. Der Grundkonsens, der sich in Medien und Wissenschaft zur Krise eingestellt hat, greift in mancherlei Hinsicht zu kurz. Natürlich ist die Gier der Financiers dieser Welt eine menschliche Konstante, hat schon immer zu Katastrophen beigetragen und wird es auch in Zukunft tun. Wir werden aber den Willen der Menschen, Neues zu schaffen und dabei auch Geld zu verdienen, nicht abschaffen können, und wir sollten dies auch gar nicht erst versuchen.

Carmen Reinhardt und Kenneth Rogoff[2] etwa weisen die historischen Parallelen zu anderen Finanzkrisen nach und suggerieren dem Leser, dass solche Krisen eben zur Natur des Menschen gehören. Dies greift meiner Ansicht nach zu kurz. Für die kulturell-historische Einordnung ist es gut, sich vergangener Krisen zu erinnern, hilft aber nicht weiter. In unserer Zeit ist es gerade die Entwicklung einer neuen Wissenschaft, der Finanzmathematik, die wesentlich ist und die wir verstehen müssen, um weitere Desaster zu vermeiden.

Es greift meiner Ansicht nach ebenfalls zu kurz, alles auf das Prinzip der beschränkten Haftung zurückzuführen, wie dies Hans-Werner Sinn in seinem Buch *Kasino-Kapitalismus* andeutet. Im Wesentlichen behauptet er, dass entfesselte und ungezügelte, meist angelsächsische Banken das Prinzip der beschränkten Haftung ausgenutzt haben, um bedingungslos zu spekulieren. Aber dieses Prinzip existiert seit Anbeginn des freien Handels und bildet mit gutem Grund die Basis unseres Wirtschaftssystems, ohne dass die Unternehmen sich an den Rand des Ruins spekuliert hätten. Allein an der beschränkten Haftung kann es nicht liegen. Vielmehr liegen die Dinge tiefer. Durch die wissenschaftliche Entwicklung der letzten vierzig

Jahre ist ein ganz neuer Sachverhalt eingetreten: Finanzielle Unsicherheit lässt sich im Detail verstehen, handeln und bewerten. Auf dieser Basis ist eine eigene Ingenieurskunst entstanden, die immer größere Türme an Risiken aufbaute. Leider gingen die Kenntnisse dieser Ingenieurskunst fast vollständig am Mainstream der Volkswirtschaftslehre vorbei: Sie konnte sich zwar einer gewissen Ehrfurcht nicht erwehren, hielt es aber nicht für notwendig, sich näher damit zu beschäftigen. So kamen Gier, mathematisches Können und ökonomische Unvernunft an falscher Stelle zusammen. Lassen Sie uns versuchen, diese Dinge besser zu verstehen.

Ein Risikomaß, das Risiken erzeugt: Value at Risk

Worum geht es bei Value at Risk? Aus Sicht der Gesellschaft ist es wünschenswert, dass die Institutionen, die mit Risiken handeln, wie Banken, Versicherungen, Fondsgesellschaften et cetera genügend Eigenkapital vorhalten, um im Zweifel liquide Mittel vorweisen zu können. Klassischerweise gibt es hierfür gewisse Faustregeln; zum Beispiel kann man fordern, dass die Institutionen einen gewissen Prozentsatz ihrer Aktiva vorhalten sollten. Angesichts der neuen Möglichkeiten, die durch die Finanzmathematik entstanden waren, lag es nahe, darüber nachzudenken, ob man die Risiken eines Portefeuilles nicht besser messen kann. Dies sollte zu einem effektiveren Risikomanagement führen sowie auch die Kreditversorgung der Wirtschaft verbessern.

Traditionell wurde das Risiko im Investmentbereich durch die Varianz, also die Streuung um den Mittelwert, gemessen.[3] Nun ist die Varianz ein gutes Maß für die Unsicherheit einer Methode oder eines maschinellen Outputs, denn sie gibt an, wie stark etwa die Qualität eines Outputs vom langfristigen Mittelwert abweicht. Für Investitionen ist sie aber weniger geeignet, weil eine hohe Varianz im Allgemeinen hohe Ausschläge nach unten, aber auch nach oben bedeuten kann. Als Investor stört Sie aber eine Streuung nach oben nicht: Ungewöhnlich hohe Gewinne haben noch niemanden unglücklich gemacht. Mit anderen Worten geht es bei Investitionen um das Risiko hoher Verluste. Es gibt also gute Gründe dafür, asymmetrische Maße anzuschauen, die sich auf die Verluste konzentrieren und Gewinne nicht bestrafen. Value at Risk betont gerade diesen Standpunkt, indem es auf die Wahrscheinlichkeit schaut, mit der die Verluste eine gewisse Größe überschreiten.

Das ergibt zunächst einmal Sinn, und ohne plausible Eigenschaften wäre Value at Risk ja niemals auf breiter Basis eingeführt und durch die Bankenaufsicht unterstützt worden. Value at Risk wurde nach und nach in allen Investmentbanken installiert und ist bis heute das Standardmaß für das Risikomanagement. Anfang des neuen Jahrtausends beschloss eine Kommission, der Basler Ausschuss für Bankenaufsicht, dieses Risikomaß als regulatorisches Standardmaß zu installieren. Value at Risk gebührt damit das Privileg, es als eine der ersten mathematischen Formeln in einen juristischen Text geschafft zu haben. So sehr es das Herz des Mathematikers freut, dass Juristen beginnen, sich mit mathematischen Methoden zu beschäftigen, so traurig ist es doch, dass der erste Griff gleich ein solch dramatischer Fehlgriff war.

Value at Risk soll den Geldbetrag messen, der bei einer finanziellen Position auf dem Spiel steht. Die Kennzahl stammt aus den Investmentbanken selbst: Finanzmathematiker[4] bei JP Morgan haben diese Größe in den späten achtziger Jahren vorgeschlagen. Für einen Statistiker ist Value at Risk nichts Neues, sondern eine altbekannte Größe: Es handelt sich um ein sogenanntes Quantil. Es gehört zu den merkwürdigen Gesetzmäßigkeiten der Finanzwelt, dass der Erfolg von Value at

Risk mit dem klingenden Namen zu tun hat; als »1-Prozent-Quantil« wäre es schnell wieder in der Versenkung verschwunden. Wie funktioniert nun ein solches Quantil? Value at Risk gibt an, welche Verluste mit hoher Wahrscheinlichkeit nicht überschritten werden. Hierzu müssen wir zunächst einmal festlegen, was wir unter dem vagen Begriff »mit hoher Wahrscheinlichkeit« verstehen. Hierzu wählt man eine kritische Zahl, wie etwa 5 Prozent oder 1 Prozent oder 0,1 Prozent. Ereignisse, die mit dieser oder einer kleineren Wahrscheinlichkeit auftreten, deklarieren wir als »selten«. In der Wahl dieser kritischen Prozentschranke steckt natürlich auch schon eine gewisse Willkür; wenn man genau ist, muss man daher stets von Value at Risk »zum Niveau 1 Prozent« oder »zum Niveau 5 Prozent« sprechen.

Nun schauen Sie sich die Wahrscheinlichkeiten von Gewinnen und Verlusten an. Auch hier muss man natürlich erst einmal wissen, wie man bei einer gegebenen Investition diese Wahrscheinlichkeiten bestimmt – dies ist in der Tat gar nicht so leicht, wie wir später noch diskutieren werden. Für den Augenblick nehmen wir einmal an, dass Sie in der Bank vor Ihrem Computer sitzen, der Ihnen diese Wahrscheinlichkeiten angibt. Nun gehen Sie mögliche Verluste durch und fragen Ihren Rechner, wie hoch die Wahrscheinlichkeit dafür ist, so viel oder mehr zu verlieren. Sobald Sie Ihr kritisches Niveau erreichen, haben Sie Ihr Value at Risk.

Um es noch einmal zu wiederholen: Wir geben uns das Niveau 5 Prozent vor. Dann fragen wir den Rechner, wie groß die Wahrscheinlichkeit ist, dass wir mehr als 10 Millionen Euro verlieren. Der Rechner gibt uns 4 Prozent zurück – das liegt unter dem kritischen Wert von 5 Prozent. Dann fragen wir, wie groß die Wahrscheinlichkeit ist, mehr als 1 Million Euro zu verlieren. Antwort: 8 Prozent – das ist also zu hoch. Nächste Frage: Wie groß ist die Wahrscheinlichkeit, mehr als 4 Millionen zu verlieren. Antwort: 5 Prozent. Damit haben wir die Antwort gefunden und melden unserem Risikomanagement, dass das Risiko unserer Position 4 Millionen beträgt.[5] So einfach funktioniert also Value at Risk. Wenn eine Bank sagte, ihr Value at Risk in einem gewissen Bereich betrage 100 Millionen Euro, dann heißt dies, dass die Bank in 95 Prozent der Fälle weniger als 100 Millionen Euro verlieren würde. Und, was meinen Sie? Sollten wir diesem Maß vertrauen? Es ist eine solche Katastrophe, dass Value at Risk die Grundlage des Risikomanagements geworden ist, und es ist auch wichtig, zu verstehen, warum dies eine Katastrophe ist.

Ich bespreche im Folgenden zwei Dinge: Zum einen ist es gar nicht so leicht, die Wahrscheinlichkeiten zu bestimmen, wie Sie vielleicht schon selbst gespürt haben: Wie kommt denn der Rechner überhaupt auf die Wahrscheinlichkeiten? Zum anderen, und das ist der viel wichtigere Punkt, kann man Value at Risk austricksen.

Beginnen wir mit den Wahrscheinlichkeiten. Offensichtlich muss man hierzu wissen, wie die Verteilung der zukünftigen Gewinne und Verluste aussieht, denn Sie wollen ja die Wahrscheinlichkeit von Ereignissen ausrechnen. Dies ist in der Tat bei Aktien ein schwerwiegendes Problem; andererseits ist ja die Statistik gerade entwickelt worden, um uns bei solchen Fragen zu helfen. Am einfachsten ist es, wenn Sie annehmen, dass Ihre Gewinne und Verluste eine bekannte Verteilung haben, zum Beispiel normalverteilt sind – entsprechend der Ihnen vielleicht bekannten Glockenkurve, die auch nach dem berühmten Mathematiker Carl-Friedrich Gauß benannt ist.

Wir nehmen zunächst an, dass sich der Wert des DAX in der Zukunft aus dem langfristigen Mittel und einer zufälligen Störung mit einer gewissen Varianz ergibt. Dann müssen Sie lediglich den Mittelwert und die Varianz ihres Portefeuilles schätzen (was sie aus vergangenen Daten tun können) und anschließend das Quantil aus einer Tabelle ablesen. Heutzutage

liefert Ihnen jedes einigermaßen versierte Programm diese
Daten, selbst Excel wird Ihnen den Gefallen tun.

Nichtsdestotrotz ist die Annahme der Normalverteilung
problematisch, eigentlich falsch, denn die Renditen sind, wie
wir heute wissen, nicht normalverteilt; auf die statistischen
Probleme, die nicht unerheblich sind, gehe ich ein wenig in
einer Anmerkung ein.[6] Diese Probleme wären aber im Prinzip
beherrschbar. Gravierender sind andere Schwächen von Value
at Risk.

Value at Risk lässt sich strategisch ausbeuten, wie Wissenschaftler, die Entscheidungstheorie *und* Finanzmathematik
beherrschen, sofort erkannten. Von denen gibt es aber leider
nicht so viele, und sie gehören sicher nicht zu den Lautspre-
chern unter den Ökonomen. So wurden sie von den nicht ökonomisch ausgebildeten Finanzingenieuren belächelt und von
den Politikern ignoriert, für die es sich bei diesen strategischen
Problemen um scheinbar technische Details handelte. Doch
das ist gefährlich, denn in der Wirtschaftswelt sind es gerade
die strategischen Lücken, die große Probleme und Verluste für
die Gesellschaft verursachen können. Dies ist beim Steuersys-
tem nicht anders als auf den Finanzmärkten.

Schauen wir uns einmal meine obige Definition von Value at
Risk an. Wenn Sie bei einem Niveau von 5 Prozent ein VaR
von 10 Milliarden Euro haben, so verlieren Sie mit einer Wahrscheinlichkeit von 5 Prozent 10 Milliarden Euro *oder mehr*. In
diesem *oder mehr* steckt schon das ganze Dilemma der Finanzkrise verborgen. Solange die Finanzmärkte selbst sich noch einigermaßen solide verhielten und das Potenzial des Ausnutzens
von Value at Risk nicht richtig verstanden hatten, belief sich
dieses *oder mehr* in handhabbaren Größen. Sobald aber jemand
darauf kommt, dass er bei *oder mehr* eine beliebig hohe Zahl
einsetzen darf, entstehen enorme Risiken, die ganze Banken in
den Abgrund ziehen können. Denn diese Möglichkeit, Risiken
selbst zu bestimmen, ist typisch für die Finanzwelt. Das Risiko

ist hier eben selbst gewählt oder ist endogen, wie wir schon sagten.

Quantile oder auch Mittelwert und Varianz sind eigentlich recht gut zur Beschreibung eines Risikos geeignet, wenn dieses Risiko *von außen* vorgegeben ist, etwa durch die Natur, wenn wir an Versicherungsschäden denken, oder durch das Wirtschaftsleben selbst, wenn wir an ein Unternehmen denken, das in Erdöl investiert. Value at Risk (und die gesamte Regulierung durch Basel II) war in dieser Hinsicht eine starke Einschränkung für mittlere Unternehmen und Banken, da diese oft keinen Einfluss auf die Verteilung ihrer Risiken haben.

Ganz anders sieht dies für Institute aus, welche die Finanzmathematik verstehen und beherrschen. Mit Hilfe der Finanzmathematik wurde es möglich, die Verlustwahrscheinlichkeiten sehr genau zu gestalten. Im Prinzip gehen die Finanzmathematiker auf die atomare Ebene von Risiken und sind dann sehr genau in der Lage, ein Portefeuille nach Wunsch zusammenzustellen.

Risiko auf den Finanzmärkten ist endogen: Die Akteure bestimmen selbst, welches Risiko sie eingehen. Wie man damit im Prinzip Value at Risk austricksen kann, wollen wir uns als Nächstes an Hand eines Beispiels anschauen.

Wie man Value at Risk aushebelt

Versetzen Sie sich in die Rolle eines Aktienhändlers. Sie werden danach bezahlt, wie viel Rendite Sie erwirtschaften. Sowohl Ihre Kollegen wie Ihre Vorgesetzten machen Ihnen täglich ganz direkt oder zwischen den Zeilen enormen Druck, gute Ergebnisse zu erwirtschaften. Andererseits dürfen Sie natürlich nicht beliebig hohe Risiken eingehen, denn es gibt in den Banken sehr wohl ein gutes Gespür dafür, wann jemand auf dumme, also auf Dauer verlustreiche Art und Weise, spekuliert. Eine gewisse Plausibilität muss hinter Ihren Investitionsentscheidungen stehen, sonst kommen Sie damit bei Ihrem Management nicht durch. Nun spielen wir den Fall durch, dass Ihr Management nach der Kennzahl Value at Risk arbeitet. Dies heißt in diesem Fall: Ihr Value at Risk muss klein genug bleiben, etwa bei 100 000 Euro.

Nun muss ich für einen Augenblick um Ihre Konzentration bitten, während wir uns ein konkretes Beispiel anschauen. Es ist sehr einfach, aber trotzdem kann man den folgenden Text nicht so schnell lesen wie üblich, da man sonst den Faden verliert. Am besten wäre es sogar, einen Bleistift und ein Blatt Papier zur Hand zu nehmen, um das Beispiel selbst nachzuvollziehen. Es kostet Sie fünf Minuten, die sich aber lohnen, weil Sie anschließend ein Kernproblem der Finanzkrise verstanden haben – und zwar so gut verstanden, dass Sie es weitererzählen können. Bleistift und Papier zur Hand? Sehr gut. Es geht los.

Fixieren wir die kritische Wahrscheinlichkeit für Value at Risk auf 5 Prozent. Das Risiko unserer Position wird also durch ungünstige Ereignisse bestimmt, die im Schnitt einmal in zwanzig Fällen eintreten. Für das Risiko, das Sie tragen, sind drei Ereignisse, die sich gegenseitig ausschließen, relevant. Wir nennen sie einfach einmal A, B und C. Wer so abstrakte Namen wie A, B und C nicht mag, kann etwa für C »Griechenland ist nicht pleite«, für A »Griechenland und Italien sind pleite« und für B »Griechenland ist pleite, Italien nicht« einsetzen, was zu Zeiten der Finanzkrise ja realistische Szenarien waren und noch sind. Wir nehmen an, dass Sie die Wahrscheinlichkeiten der drei Ereignisse kennen, weil sie aus der Vergangenheit viele Daten über ähnliche Ereignisse besitzen oder weil Ihre Bank ein statistisches Modell entwickelt hat, das die Wahrscheinlichkeiten solcher Ereignisse berechnet.

Ereignis C tritt mit der großen Wahrscheinlichkeit von 95 Prozent ein und Sie wissen, dass Sie dort einen schönen Gewinn von 1 Million Euro erhalten. Mit einer Wahrscheinlichkeit von 2 Prozent tritt Ereignis A ein, also die zeitgleiche Zahlungsunfähigkeit von Griechenland und Italien, bei der Sie 1 Million Euro verlieren. Sie verlieren schließlich 100 000 Euro bei Ereignis B, wenn nur Griechenland nicht mehr zahlt, das die restliche Wahrscheinlichkeit von 3 Prozent trägt.

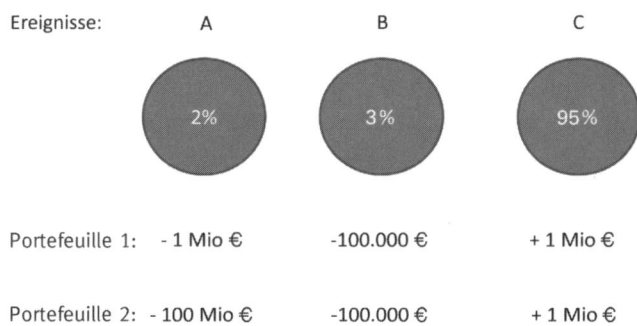

Ereignisse:	A	B	C
	2%	3%	95%
Portefeuille 1:	- 1 Mio €	-100.000 €	+ 1 Mio €
Portefeuille 2:	- 100 Mio €	-100.000 €	+ 1 Mio €

Abbildung 1: In diesem Beispiel beträgt das Value at Risk in beiden Fällen 100 000 Euro, obwohl das zweite Portefeuille viel riskanter ist; man verliert bei Ereignis A viel mehr, allerdings mit sehr kleiner Wahrscheinlichkeit, die von Value at Risk ignoriert wird.

An dieser Stelle ist es wichtig, sich ein Bild von der Situation zu machen. Schauen Sie sich Abbildung 1 an, oder noch besser, machen Sie sich selbst eine solche oder ähnliche Zeichnung. Versuchen Sie selbst herauszufinden, wie groß der Value at Risk ist. Überlegen Sie sich auch, was Ihnen plausibel als sicherer Puffer erschiene.

Was ist nun Ihr Value at Risk? Die richtige Antwort lautet: 100 000 Euro. Überrascht? Lassen Sie es uns nachvollziehen. Value at Risk schaut ja auf Ereignisse, die mindestens die Wahrscheinlichkeit 5 Prozent haben. Davon gibt es in meinem Beispiel ja nicht so viele, kann man sagen. Mit Wahrscheinlichkeit 2 Prozent verlieren Sie 1 Million Euro. Doch das interessiert Value at Risk zum Niveau 5 Prozent nicht, weil wir damit nicht die kritische Wahrscheinlichkeit erreichen. Die Verluste, die auf dem Ereignis A »Griechenland und Italien werden gleichzeitig zahlungsunfähig« anfallen, spielen für Value at Risk zum Niveau 5 Prozent also keine Rolle. Um die Wahrscheinlichkeit von 5 Prozent zu erreichen, müssen wir entweder Ereignis C betrachten, wo wir aber keinen Verlust machen oder die Ereignisse A und B zusammenfassen, die zusammen gerade 5 Prozent erreichen. In unserem Beispiel ist also genau der Fall relevant, bei dem Griechenland nicht mehr zahlt.

Wie ich schon sagte, funktioniert die Bestimmung von Value at Risk so, dass man den Computer fragt, wie groß ist die Wahrscheinlichkeit, dass meine Verluste X Euro oder mehr betragen und man sucht das X, bei dem man 5 Prozent als Antwort erhält. Hier beträgt die Wahrscheinlichkeit, 1 Million Euro zu verlieren, 2 Prozent, ist also zu klein. Wenn man fragt, wie hoch die Wahrscheinlichkeit ist, 100 000 Euro oder mehr zu verlieren, erhält man die Antwort: 5 Prozent. Damit beträgt unser Value at Risk eben 100 000 Euro.[7] Für das Risikomanagement klingt es also so, als stünden 100 000 Euro auf dem Spiel, während es gerade 100 000 Euro oder 1 Million Euro sind! Der Fall, dass Italien und Griechenland gleichzeitig nicht mehr ihren Verpflichtungen nachkommen, wird ignoriert, obwohl doch das Risikomanagement gerade solchen zwar seltenen, aber gefährlichen Ereignissen Aufmerksamkeit schenken sollte!

Wenn ich dieses kleine Beispiel in Vorträgen erkläre, reagieren die Zuhörer oftmals mit dem Einwand, dass die Manager sich doch sicherlich bewusst waren, dass es bei der Risikozahl VaR um »100 000 *oder mehr*« ging. Doch das war nicht der Fall, weil Value at Risk stets hinter einem Wust von komplexen Algorithmen versteckt ist und sich die verantwortlichen Manager nicht um die Details kümmerten. Außerdem hatte ihnen niemand ein solch kleines Beispiel näher gebracht, darf man vermuten.

Wenn Sie mögen und es nicht schon längst getan haben, können Sie den Bleistift nun aus der Hand legen. Ich habe hoffentlich verständlich gemacht, wie in unserem Beispiel Value at Risk funktioniert. Jetzt werden Sie wieder zum Händler, und beginnen, über Ihren Bonus nachzudenken. Das Haus im Taunus ist noch nicht abbezahlt, und Sie haben ein schlechtes Gewissen wegen der letzten, arg teuren Nächte. Da können wir nun helfen.

Was passiert, wenn Sie Ihre Position im Bereich der kleinen Wahrscheinlichkeit ändern? Sagen wir, Sie haben die Möglichkeit, ihre Position so zu gestalten, dass Sie mit einer Wahrscheinlichkeit von 2 Prozent nicht 1 Million Euro, sondern 100 Millionen Euro verlieren. Sie schließen eine Wette darauf ab, dass Italien und Griechenland nicht gleichzeitig die Zahlungen einstellen. Genau solche Wetten spielten ja während der Finanzkrise eine große Rolle. Dort hießen die Wetten eben auf den berühmt-berüchtigten Namen »Credit Default Swaps«, also »Kreditausfalltauschgeschäfte«, was nichts anderes heißt, als dass Sie bezahlen, wenn Italien und Griechenland gleichzeitig ausfallen. Sie garantieren also einem Vertragspartner, dass Sie nicht nur 1 Million, sondern sogar 100 Millionen Euro zahlen, wenn beide Staaten insolvent werden.

Das hat zwei Effekte: Zunächst einmal verdienen Sie durch diesen Deal sehr viel Geld, denn Sie haben ein sehr großes Risiko von Ihrer Gegenpartei übernommen, wofür diese Ihnen eine Prämie bezahlt. Im Prinzip bieten Sie Ihrer Gegenpartei eine Versicherung an: Sie zahlen ihr 100 Millionen Euro, wenn das 2-Prozent-Ereignis A eintritt. Solange Italien und Griechenland nicht gleichzeitig ihre Zahlungen einstellen, verdienen Sie an den Prämien, und dies tut auch Ihrem Bonus gut.

Gleichzeitig haben Sie das Risiko Ihres Arbeitgebers beträchtlich erhöht! Eine vernünftige Analyse würde eine solche Aktion natürlich nicht zulassen. Was passiert jedoch mit dem Maß für das Risiko Value at Risk? Es sieht diese Veränderung nicht! Denn Value at Risk schaut eben nur auf die kritischen Ereignisse, die insgesamt 5 Prozent Wahrscheinlichkeit haben – Änderungen in dem Bereich kleiner Wahrscheinlichkeiten ignoriert es völlig. In unserem Beispiel ist es eben so, dass man mit Wahrscheinlichkeit 5 Prozent weiterhin 100 000 Euro oder mehr verliert. Daher beträgt der Value at Risk weiterhin 100 000 Euro – lediglich das »oder mehr« (und damit der Bonus des Händlers) haben sich drastisch verändert.

Sie sehen sofort, dass man dieses Prinzip weitertreiben kann. Warum nur bis zu 100 Millionen Euro gehen, wenn man für ein Risiko von 1 Milliarde Euro noch mehr Prämie erhält? In der Tat kommt man so auf ein mathematisches Optimierungsproblem, das dem Mathematiker in mir natürlich viel Freude bereitet: Finde ein Portefeuille, das bei vorgegebenem Value at Risk K und einem gegebenen Startkapital X meine Rendite optimiert.[8]

Sie können sich sicher sein, dass ich nicht der einzige Finanzmathematiker auf der Welt bin, der solche Optimierungsprobleme lösen kann; inzwischen dürfte ein Großteil des Systems auf das Optimieren gegen falsche Regulierung ausgerichtet sein. Das kann man nicht durch Zahlen und Fakten beweisen, weil die Intention eines Handels, also die Absicht, mit der er ausgeführt wird, ja nicht in den Büchern dokumentiert wird. Ich stütze mich hier nur auf mein eigenes Wissen und Gespräche mit mir bekannten Händlern und Finanzmathematikern aus der Praxis. Ich treffe übrigens oft auf die verwunderte Feststellung, warum ich mich denn so aufrege: Es sei doch vom Regulierer selbst so gewollt, dass gewisse Schlupflöcher ausgenützt würden. Dies wird übrigens auch durch das Zitat vom ehemaligen amerikanischen Zentralbankchef Alan Greenspan bestätigt, der einmal sagte, dass die Möglichkeiten, Value at

Risk auszutricksen, aus seiner Sicht eine zulässige Sicherung gegen exzessive Regulierung seien (siehe auch Anmerkung 4).

Wir erkennen schon an diesem kleinen Beispiel, dass Value at Risk genau das Gegenteil von dem bewirkt, was es eigentlich erreichen soll: Statt Risiken zu kontrollieren, lädt es die Akteure ein, *große Risiken auf seltenen Ereignissen* einzugehen. Value at Risk provoziert Spekulation, statt sie zu bestrafen.

Es ist zwar Mode geworden, die Gier der Händler und Banken zu attackieren und verantwortlich für die Krise zu machen. Mir liegt es fern, die Akteure auf dem Finanzmarkt für fromme Lämmer zu halten. Andererseits muss man auch sehen, dass diese Leute wie wir alle ihre Arbeit möglichst gut machen wollen. Für einen Händler heißt das eben traditionellerweise, dass er Rendite erwirtschaften soll. Wenn wir ihm nun durch die Regulierung einen solch großen Anreiz zur Spekulation bieten, dürfen wir uns nicht wundern, dass er seine Möglichkeiten ausnutzt – letztlich macht er seinen Job.

Kurz und knapp können wir also sagen: Mit Basel II fing alles an. Der »Kasinokapitalismus« wurde durch ein scheinbar technisches Detail der Regulierung hervorgerufen.

Value at Risk und Ratingagenturen als Katalysatoren der Immobilienkrise

Wir haben nun gesehen, dass Value at Risk kein gutes Risikomaß ist, weil es manipuliert werden kann. Aber spielte es wirklich eine so große Rolle bei der Entstehung der Finanzkrise? Waren nicht andere Faktoren, zum Beispiel der sprichwörtliche Kasinokapitalismus, viel wichtiger?[9]

Wenn man vor der Finanzkrise solche Dinge diskutierte, wurden oft weitere Gegenargumente gebracht. Typischerweise sagte man etwa: In der Praxis greifen noch andere Mechanismen, und es gibt auch so etwas wie eine übergeordnete Vernunft oder Urteilskraft der Banken, die dann greift, wenn Händler beginnen, solche Tricks zu spielen. Leider habe ich selbst – wie viele meiner mathematisch-theoretisch interessierten Kollegen – zu lange daran geglaubt. Schließlich kann man mit dem Trick, auf Ereignisse mit sehr geringer Wahrscheinlichkeit zu wetten, sehr lange Glück haben; dementsprechend wurde sehr viel Geld verdient. Und diese großen »Erfolge« haben am Ende auch die anderen, nicht formalisierten Kontrollmechanismen ausgehebelt. Selbst wenn wir den leitenden Managern oder Vorstandsvorsitzenden, die nur selten Mathematiker sind, große Vernunft und Urteilskraft unterstellen wollen, so sind doch auch sie auf Dauer von großen Gewinnen beeindruckbar und lassen ihre intuitiven Bedenken fahren. Wir sollten also in Zukunft nicht mehr auf die implizite Vernunft des Bankenwesens setzen.

Ein weiterer wichtiger Einwand geht so: »In der Praxis ist es sehr schwer, solche Ereignisse mit kleiner Wahrscheinlichkeit zu identifizieren.« Das ist richtig, und es stößt das wichtige Thema der Modellunsicherheit an. Modelle des Finanzmarktes sind keine kontrollierten physikalischen Experimente im Labor, bei denen sich die einzelnen Parameter mit höchster Genauigkeit festlegen lassen; wir müssen also stets damit rechnen, dass unser Modell einen wichtigen Aspekt der Wirklichkeit nicht abbildet. Wenn wir dann noch mit statistischen Methoden nachweisen wollen, dass ein Ereignis eine sehr kleine Wahrscheinlichkeit von, sagen wir, einem halben Prozent hat, bräuchten wir sehr viele und sehr gut aufbereitete Daten.

Für Lebensversicherer geht das zum Beispiel recht gut: Sie müssen einschätzen, wie groß die Wahrscheinlichkeit ist, dass auf einmal so viele Fünfzigjährige sterben, dass die Versicherung Bankrott geht. Bei Millionen von Kunden und einer guten statistischen Basis der Überlebensraten, die in der so genannten Sterbetafel gemessen werden, ist das machbar. Bei Ereignissen wie »Die Firma Google meldet in den nächsten fünf Jahren Bankrott an«, die auf Finanzmärkten eine Rolle spielen, ist das schon viel schwieriger. Es gibt nicht hinreichend viele Daten aus der Vergangenheit über Google; außerdem entwickelt sich ein solch innovatives Unternehmen weiter und sieht in jedem Jahr anders aus. Es scheint also schwierig, wenn nicht gar unmöglich zu sein, hier genau die Wahrscheinlichkeiten bestimmen zu wollen.

Für mein obiges Argument spielt das aber keine Rolle. Für den einzelnen Händler ist nur wichtig, welches Value at Risk er seiner Bank oder der Finanzaufsicht berichten muss. Und hier kommt eine weitere fundamentale Schwäche der Regulierung zum Tragen: Dieses Value at Risk ergibt sich aus dem *eigenen* Modell der Bank. Basel II hatte neben der systematischen Einführung von Value at Risk noch den anderen Fehler, dass es die Herleitung der Wahrscheinlichkeiten in die Hände der Banken gab: Solange das Modell der Bank gewisse Kriterien erfüllte, durften die Banken selbst die Wahrscheinlichkeiten bestimmen. Der Händler muss also nur in seinem Modell, nicht in der Wirklichkeit, das richtige Ereignis kleiner Wahrscheinlichkeit finden. Nun ist es aus ökonomischer Sicht grundsätzlich unvernünftig, die Regeln des Spiels in die Hände des potenziellen Gegners zu legen, auch wenn dieser versichert, dass er keinen Unfug anstellen werde und sich kontrollieren lasse.

Die Banken dürfen also ihr eigenes Modell verwenden. Wie bestimmen Sie denn die Wahrscheinlichkeiten, die für Value at Risk so wichtig sind? Hier kommen die Ratingagenturen ins Spiel. Wenn Sie mit rein statistischen Methoden beweisen müssten, dass ein Ereignis eine Wahrscheinlichkeit von 0,5 Prozent hat, hätten Sie ein Problem: Daten aus der Vergangenheit haben Sie für diese Behauptung nicht, auch ist nicht klar, ob es sich um ein 0,5 oder 1 oder eventuell 2 Prozent handelt. Jetzt erlaubte Basel II aber, die Bewertungen der Ratingagenturen, die eigentlich ebenfalls sehr subjektive Einschätzungen der Stabilität einer Firma oder eines Staates sind, als »objektive« Wahrscheinlichkeiten im eigenen Modell der Bank zu benutzen. Ratingagenturen versehen Staaten, Firmen oder auch verbriefte Kredite mit gewissen Bonitäten, und Basel II erlaubt es, Bewertungen dieser Agenturen in Wahrscheinlichkeiten zu übersetzen. Dem folgten die internen Risikokontrollen der Banken – welch ein wunderbares Geschenk der Regulierer!

In unserem obigen Beispiel wollen wir gerne das Risiko von 100 Millionen Euro auf uns nehmen und dafür Prämien und Boni einstreichen. Wir müssen aber unserem Risikomanagement im Zweifel beweisen können, dass die Wahrscheinlichkeit für das Ereignis sehr klein ist. Hierzu brauchen wir nur eine hinreichend gute Bewertung der Ratingagentur! So wird manchmal etwa ein BBB-Rating mit einer Ausfallwahrscheinlichkeit von 0,1 Prozent »übersetzt«. Hätte der Händler früher selbst begründen müssen, warum seine Spekulation nur mit sehr kleiner Wahrscheinlichkeit zu großen Verlusten führen könne, so lieferte eine gute Bewertung einer Ratingagentur gleich das passende Argument.

Wir treffen damit auf eine weitere fundamentale Schwäche der Regulierung, die zwar eher technisch anmutet, aber ein wichtiger Auslöser der großen Zockerei war: Die Ratings der Agenturen bekamen einen objektiven Status zugesprochen, und es wurde erlaubt, hochgradig subjektive Einschätzungen wie eben ein »Triple B« in eine exakte Wahrscheinlichkeit zu übersetzen. Wir sollten die Ratingagenturen auffordern, ihre Methoden offenzulegen und nachzuweisen, dass die Ratings wirklich mit hinreichender Genauigkeit in Ausfallwahrscheinlichkeiten übersetzt werden können. Die Agenturen werden Ihnen viele plausible Gründe nennen, warum sie dies leider nicht machen können. Der einzige Grund, der aber, da bin ich mir sicher, nicht öffentlich ausgesprochen wird, ist, dass sie diesen Nachweis nicht erbringen können.

DRITTES KAPITEL

Was ist eigentlich Finanzmathematik?

Die Finanzmathematik ist die erfolgreichste Theorie, die die Ökonomen je entwickelt haben, wobei es sich hier natürlich größtenteils um sehr spezielle, eben mathematisch oder physikalisch geschulte Ökonomen handelt, die sich manchmal noch als Mathematiker und Physiker sehen. Kaum eine je entwickelte gesellschaftliche Theorie wurde so umfassend und mit Erfolg in die Praxis umgesetzt, blieb aber zugleich in der Öffentlichkeit völlig unverstanden: Weder Medien noch Politik wissen, was genau in dieser Wissenschaft vorgeht, und leider wissen dies auch viele der Wirtschaftswissenschaftler und Juristen nicht, die unsere Politiker beraten. Es gab und gibt eine unnötige und bedauernswerte Spaltung zwischen den Theoretikern der Ökonomie, die selten in der Öffentlichkeit auftauchen, und den Medienstars der Wirtschaftswissenschaften, die sich ihr Wissen um Finanzmathematik erst nach Ausbruch der Krise und manches Mal auch nur unvollständig angelesen haben.

Da aber die Finanzmathematik zu den strukturellen Ursachen der Krise gehört, ist es wichtig, zumindest ihre grundlegenden Prinzipien zu verstehen. Diese sind im Übrigen nicht so schwierig, wie es die Zeitungen oft glauben machen. Im Grunde bestehen sie in der wiederholten Anwendung einfacher Rechnungen, die leicht zu verstehen sind. Ihre Zusammensetzung zu komplexen Gebilden erfordert Kenntnisse der höheren Mathematik, um die wir uns aber gar nicht kümmern müssen, wenn wir wissen wollen, auf welcher Basis die Finanzmathematik steht.

Bevor wir uns näher mit der Finanzmathematik beschäftigen, ist es wichtig, mit einem weit verbreiteten Aberglauben aufzuräumen: Es geht nicht um das Vorhersagen von Kursen!

Natürlich gibt es genügend Leute, die mit Hilfe hoch entwickelter statistischer Methoden, Charttechniken oder anderer manchmal eher mystisch anmutender Verfahren zukünftige Kurse vorhersagen wollen, aber dies ist gerade nicht Finanzmathematik, im Gegenteil. Die Finanzmathematik steht gerade auf der Grundannahme, dass die systematische Vorhersage von Kursen unmöglich ist. Mancher Leser möchte sicher einwenden, dass ihm Fälle bekannt sind, in denen Kurse erfolgreich vorhergesagt wurden, will auf Insider-Geschichten hinweisen oder die Intuition gewisser Fondsmanager oder Börsenstars preisen. All diese Geschichten gibt es, das ist richtig. Es ist aber noch niemand aufgetreten, der systematisch, also Tag für Tag, die Kurse des nächsten Tages richtig vorhergesagt hätte.

Eine Wissenschaft baut man auf einem starken und einfachen Grundprinzip auf, das in seiner ganzen Reinheit in der Erfahrungswelt nicht immer erfüllt sein muss. Denken Sie dabei etwa an die Newtonsche Physik, die auf dem Trägheitsprinzip beruht, nach dem ein Körper stets seine Geschwindigkeit beibehält, solange keine äußeren Kräfte auf ihn wirken. Jeder Fahrradfahrer weiß natürlich, dass dieses Prinzip für ihn selbst nicht gilt, weil es in der Realität starke Reibungskräfte (und Gegenwind) gibt. Trotzdem ist es wichtig, die Mechanik zunächst auf diesem idealisierten Grundprinzip aufzubauen, das man nur unter Mühen im Labor oder im Weltall real demonstrieren kann; im Anschluss erweitert man diese Theorie, um solche Dinge wie Reibung und die Probleme des Fahrradfahrers zu verstehen.

Das entsprechende Grundprinzip der Finanzmathematik ist eben, dass man Kurse nicht vorhersagen kann. Welche Rechtfertigung kann es hierfür geben? Stellen wir uns einmal vor, Sie wüssten genau, dass der deutsche Aktienindex morgen um 20 Punkte über dem heutigen Wert liegen wird, und dass Sie sich für einen Tag zu mehr oder weniger 0 Prozent Geld leihen können (oder Sie einfach genug liquide Mittel übrig haben).

Würde es sich dann nicht lohnen, den DAX heute zu kaufen und morgen wieder zu verkaufen? Und wenn öffentlich bekannt wäre, dass der DAX morgen um genau diese 20 Punkte steigt, würden dann nicht sehr viele kaufen? Natürlich. Große Mengen Kapital würden in den DAX investiert, mit der unweigerlichen Folge, dass der DAX heute im Werte stiege. Sie könnten dann in Echtzeit zuschauen, wie Ihr erwarteter Gewinn von 20 Punkten dahinschmilzt. Auf einem großen Markt mit vielen gleich informierten Käufern und Verkäufern werden solche allgemein bekannten Gewinne durch das Handeln selbst sehr schnell verschwinden.

Auf gut funktionierenden Aktienmärkten ist keine systematische Vorhersage von zukünftigen Kursen möglich. Wenn nämlich ein Händler den morgigen Kurs einer riskanten Aktie perfekt vorhersagen könnte, so könnte er Gewinne einstreichen, ohne ein Risiko einzugehen. In der Finanzsprache würde dies heißen, dass der Händler eine Arbitrage gefunden hat, oder im heutzutage beliebteren Englisch, einen »free lunch«, also ein geschenktes Mittagessen. Im Deutschen spricht man auch von der »Unmöglichkeit des Schlaraffenlandes«. Das Grundprinzip entspricht im Übrigen auch dem schönen alten lateinischen Wahlspruch »de nihilo nihil«: Man kann nicht aus nichts etwas werden lassen. Das Grundprinzip der Finanzmathematik lautet also: Es gibt keine Arbitrage, und es gibt keinen sicheren Gewinn ohne Risiko.

Auf diesem sehr simplen Prinzip der Arbitragefreiheit steht das Gebäude der Finanzmathematik. Es begründet auch ihren Erfolg und erklärt, warum sie in der Praxis besser funktioniert als alle anderen gesellschaftswissenschaftlichen Theorien: Die Finanzmathematik kommt nämlich ohne Annahmen über das Verhalten der menschlichen Akteure aus. Alle anderen ökonomischen, soziologischen oder psychologischen Theorien müssen mehr oder weniger plausible Annahmen an das menschliche Verhalten stellen. Im Bereich der Wirtschaftswissenschaften wird etwa üblicherweise der Homo oeconomicus unterstellt, ein kühles, rational handelndes Wesen ohne Emotionen und Fehler. Da kaum ein Mensch diesem Modell hinreichend gut entspricht, sind viele wirtschaftswissenschaftliche Modelle zur *Prognose* der Wirklichkeit ungeeignet, wie wir noch besprechen werden.[10]

Es mag etwas unpassend erscheinen, dass eine Theorie des Börsengeschehens entwickelt wird, ohne dass man dabei den Menschen im Bilde hat. Nun ja, implizit steckt schon ein gewisses Bild der handelnden Menschen in der Annahme der Arbitragefreiheit versteckt. Wir nehmen ja an, dass der »Markt« schlau genug ist, jede Arbitragemöglichkeit zu erkennen und auszunutzen. Das bedeutet natürlich, dass es schlaue Menschen auf den Märkten geben muss, die die Gewinne ohne Risiko finden. Aber wir brauchen diese Menschen selbst eben nicht zu modellieren, was bei dem komplizierten Gebilde »Mensch« stets ein heikles Unterfangen ist. Es reicht aus, dass die aggregierte Interaktion aller Börsenteilnehmer Gewinne ohne Risiko ausschließt.

Lassen Sie uns zunächst versuchen, das No-Arbitrage-Prinzip anhand eines kleinen Beispiels zu verstehen. Wenn ein Apfel einen Euro kostet und eine Birne 2 Euro, was kostet dann ein Korb aus zwei Äpfel und drei Birnen? Solche Fragen kennen Sie aus der Schule, und Sie wussten schon damals, dass die Antwort 8 Euro lautet. Nun wenden wir dies einmal ökonomisch an. Wenn der Korb nämlich etwa für 10 Euro gehandelt würde, könnte man die Äpfel und Birnen einzeln kaufen und dann den Korb für 10 Euro verkaufen, mit einem Gewinn von 2 Euro.

Eventuell wirkt dieses Beispiel nun zu simpel; dies ist ja nichts anderes als das berühmte Gesetz des einen (im Sinne von eindeutigen) Preises. Daraus soll sich eine hoch komplexe Wissenschaft entwickeln lassen? Überraschenderweise lautet die Antwort ja; allerdings bedurfte es hierfür wichtiger Entwicklungen in der Wahrscheinlichkeitstheorie, die seit den späten sechziger und siebziger Jahren des letzten Jahrhunderts den Beginn der Finanzmathematik ermöglichten. Die Kraft dieser Theorie hat die Erfinder und Entwickler der Theorie fasziniert, und ist bis heute faszinierend auch für mich.

Die Wahrscheinlichkeitstheorie ermöglicht es, komplexe Ereignisse der Welt in einfache »Atome« zu zerlegen. Die Finanzmathematik analysiert Finanztransaktionen auf den einzelnen Atomen. Auf den Atomen rechnet man sozusagen mit Äpfeln und Birnen; alles sehr einfach und gewissermaßen auf Milchmädchenniveau, wenn man das heute noch sagen darf. Man nutzt dann die Kraft der Mathematik und der Rechner, um aus den kleinen simplen Rechnungen auf atomarer Ebene komplexe Ereignisse zusammenzusetzen. Dies wollen wir uns nun anschauen.

Das Atom der Finanzmathematik

Hier ist nun das »Atom« der Finanzmathematik:

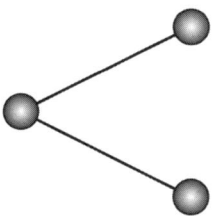

Abbildung 2: Das Atom der Finanzmathematik.

Der linke Punkt steht für »heute« oder den aktuellen Punkt, an dem wir uns befinden. Da die Zukunft unsicher ist, verzweigt sich der kleine Baum, den wir hier sehen, und rechts sehen wir die zwei möglichen zukünftigen Zustände A und B, die morgen oder im nächsten Zeitpunkt möglich sind. Die beiden Zustände nennt man auch oft »up« und »down«.

Es liegt der Einwand nahe, dass doch die Realität viel komplexer ist, da es ja viel mehr als bloß zwei mögliche Zustände gibt, die eintreten können. Das ist natürlich richtig. Zwei Dinge sind aber nun wesentlich: Zum einen beginnt erfolgreiche Wissenschaft, wie ich oben bereits in Zusammenhang mit dem Prinzip der Arbitragefreiheit gesagt habe, stets mit den elementaren, einfachen Bausteinen und baut daraus die komplexen Zusammenhänge auf. Wenn man versucht, immer gleich das große Ganze mitzudenken, läuft man auch Gefahr, mehr oder weniger groß zu scheitern. Zum anderen ist eine der großen Erkenntnisse der Finanzmathematik, dass wir komplexe Ereignisse gut abbilden können, indem wir die Länge des Zeitintervalls kleiner und kleiner machen und dieses einfache Atom stets wiederholen. Wir können also schon »das große Ganze« denken – aber erst, nachdem wir das atomar Kleine verstanden haben.

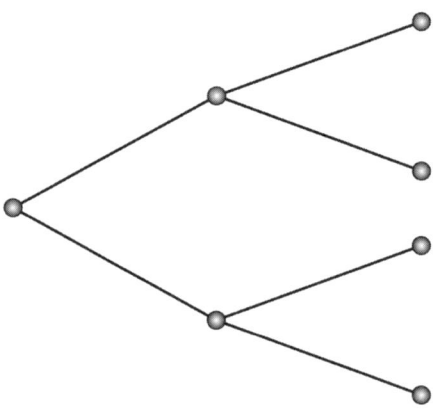

Abbildung 3: Komplexe Unsicherheiten aus dem Atom zusammensetzen. Ein Ereignisbaum für zwei Zeitschritte.

Wenn wir etwa zwei Perioden aus dem Atom zusammensetzen, so sieht unser Modell aus wie in Abbildung 3. Nach zwei Perioden gibt es bereits vier Zustände: Wir können zweimal nach oben laufen, einmal nach oben und dann nach unten oder zuerst nach unten und dann nach oben oder schließlich zweimal nach unten. Hier ist wichtig zu verstehen, dass wir die Gesamtlänge konstant halten, also in unserem Modell weiterhin zwischen »heute« und »morgen« unterscheiden. Wir lassen aber nun zu, dass zweimal gehandelt wird oder etwas passiert.

Dieses Spiel können wir natürlich weitertreiben und komplexe Bäume aufbauen, wenn wir sehr viele Handelszeitpunkte zulassen, wie es beim heutigen Hochfrequenzhandel in der Realität der Fall ist. Dann sieht das Bild unserer Welt zum Beispiel aus wie in Abbildung 4. Dieses sogenannte Binomialmodell bildet die Basis der Rechenmodelle der Banken.

Eine einfache Art, in diesem Modell einen Aktienkurs zu simulieren, besteht darin, zufällig in einem Zickzackkurs durch diesen Baum zu laufen. Sie können dies selbst einmal mit einem Würfel durchspielen. Wenn Sie eine Vier, eine Fünf oder eine Sechs würfeln, gehen Sie nach oben, ansonsten nach unten. Dies ist ein sinnvolles Experiment, um ein Gefühl für den Zufall zu bekommen. Man spricht dann von einer »Irrfahrt« (englisch »random walk«), weil man eben zufällig durch den Baum irrt.

Der Zufall hat seine eigenen überraschenden Gesetze, die nicht immer mit der menschlichen Intuition übereinstimmen. Wenn Sie mir die kleine Abschweifung gestatten, so erzähle ich Ihnen von einem berühmten Theorem der Wahrscheinlichkeitstheorie, dem so genannten Arcus-Sinus-Gesetz. Obwohl Sie im Mittel bei unserem Irrfahrt-Experiment seitwärts laufen sollten, gibt es Ergebnisse, bei denen Sie sehr oft nach oben laufen, und andere, bei denen Sie sehr oft nach unten laufen. Im Mittel gleicht sich dies natürlich aus, aber wenn Sie erst einmal eine Serie gezogen haben, an der das Pech klebt, dann

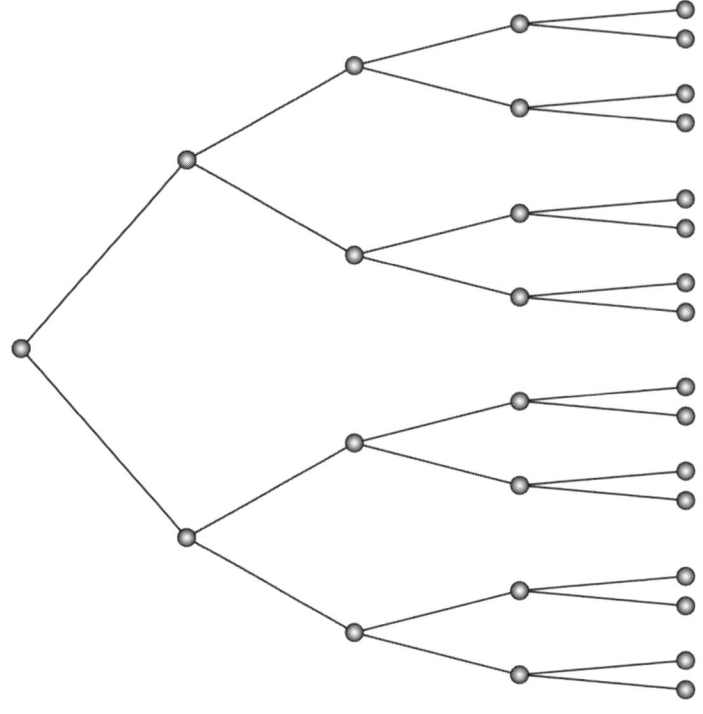

Abbildung 4: Komplexe Unsicherheiten aus dem Atom zusammensetzen.
Der Ereignisbaum für vier Perioden.

bleibt es Ihnen gern auch einmal erhalten. Das ist das sogenannte Arcus-Sinus-Gesetz. Es besagt, dass sich die Pfade einer Irrfahrt mit großer Wahrscheinlichkeit stets im Gewinn-
oder stets im Verlustbereich bewegen. Der Zufall verhält sich
eben nicht systematisch: Viele Menschen denken, dass eine
Irrfahrt immer fein auf und ab laufen sollte. Doch einer solchen Periodizität verweigert sich der Zufall mit Grausen. Daher kann man experimentell leicht feststellen, ob eine Zahlen-
folge von Nullen und Einsen wirklich zufällig ist oder ob ein
Mensch sie sich ausgedacht hat. Die meisten Menschen wech-

seln zu oft zwischen 0 und 1 hin und her, wenn sie »zufällig« solche Zahlen produzieren sollen; der Zufall produziert mit kühler Lässigkeit gerne einmal eine Glücks- oder Pechsträhne von vielen Nullen oder Einsen hintereinander. Um jetzt unnötige Missverständnisse zu vermeiden: Aus dem Arcus-Sinus-Gesetz lässt sich natürlich nicht schließen, dass man, wenn man einmal im Verlustbereich ist, dort auch bleiben wird. Die Zukunft ist weiterhin unabhängig von der Vergangenheit.

Zurück zu unseren Irrfahrten. Wenn Sie lieber wachsende Kurse sehen wollen, können Sie das Experiment leicht ändern und nach oben gehen, wenn Sie eine Drei oder höher würfeln. In diesem Falle laufen Sie in vier von sechs Fällen nach oben, was im Schnitt einen deutlichen Wachstumstrend erzeugt. Selbst dann gibt es aber immer wieder Experimente, bei denen es lange dauert, bis sich der Trend nach oben durchsetzt.

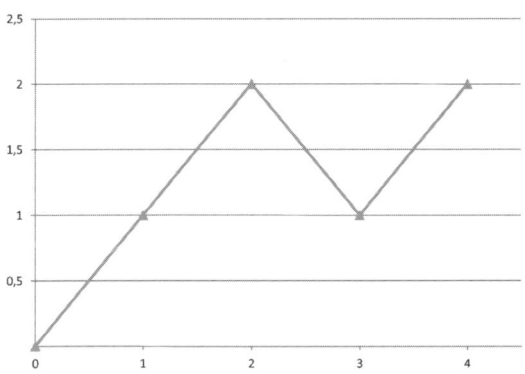

Abbildung 5: Eine Irrfahrt für vier Perioden.

Diese Irrfahrten oder Random Walks bilden das mathematische Grundmodell eines Aktienkurses. Für vier Perioden mag dies so aussehen wie in Abbildung 5 – aber noch nicht wie ein realer Aktienkurs. Nichts hindert uns jedoch daran, noch mehr Perioden zuzulassen.

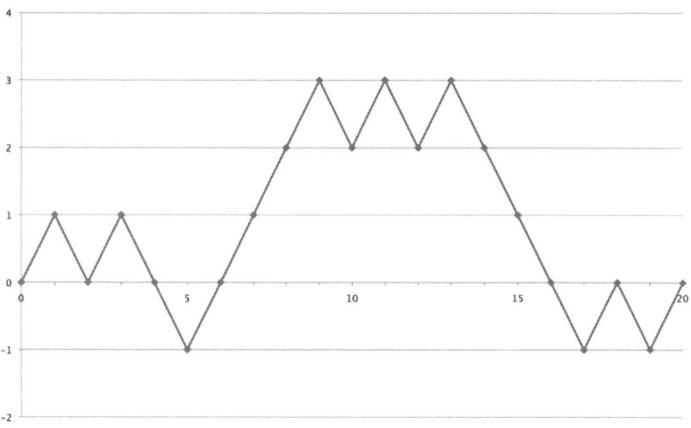

Abbildung 6: Eine Irrfahrt für zwanzig Perioden.

Wenn wir nun das Zeitintervall zwischen zwei Handelszeitpunkten immer kleiner werden lassen und richtig skalieren,[11] können wir auch Kurse modellieren, die so aussehen wie in Abbildung 7 und mehr einem typischen Bild eines Aktienkurses gleichen. Diesen Grenzfall der Irrfahrten nennt man eine Brownsche Bewegung oder Diffusion. Solche zufälligen Bewegungen tauchen auch in anderen Wissenschaften auf: Wenn Sie etwa einen Tropfen Tinte in Ihr Badewasser geben, können Sie eine solche Bewegung beobachten; viele zufällige Stöße lassen die Tinte langsam, aber zufällig im Wasser diffundieren. In der Tat können hinreichend viele Kurse auf diese Art und Weise sehr gut modelliert werden.

Der Standardfall einer Diffusion ist die nach dem Botaniker Robert Brown benannte Bewegung. Wie so oft bei großen Entdeckungen lag hier zu Anfang ein Irrtum vor: Brown beobachtete 1827, wie Pollen in einem Wassertropfen hin- und herzuckten. Er interpretierte das als ein Zeichen für den Lebenswillen dieser Pollen – eine schöne, der Romantik dieser Zeit entsprechende, aber leider falsche Vermutung. Die zitternde Bewegung der Pollen rührte von den unzähligen Stößen

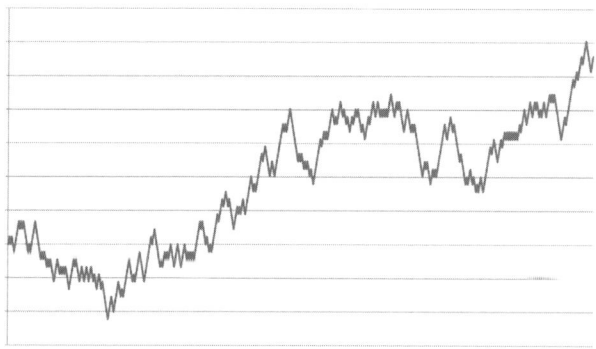

Abbildung 7: Eine Brownsche Bewegung, das Standardmodell der
Finanzmathematik

der vielen kleinen Wassermoleküle her, die in unregelmäßiger
Folge von allen Seiten auf die Pollen treffen. In Analogie dazu
können wir sagen, dass unser Baummodell das Einprasseln einer Unmenge verschiedener kleiner Informationen auf den
Aktienwert einer Firma beschreibt – im Grunde gar kein
schlechtes Bild, für den Anfang.

Eine mathematische Beschreibung einer solchen Bewegung
lieferte übrigens Albert Einstein, den wir eher mit der Relativi-
tätstheorie in Verbindung bringen als mit der Theorie der Finanzmärkte. Ihm gelang es, aus der Theorie der Wärmeleitung
mit der ihm eigenen Brillanz die partielle Differentialgleichung
herzuleiten, welche die Bewegung eines Pollens in Zeit und
Raum beschreibt:

$$\frac{\partial}{\partial t} u(t,x) = \frac{1}{2} \frac{\partial^2}{\partial x^2} u(t,x)$$

Wissenschaftsgeschichtlich ist übrigens sehr interessant, dass
die erste Anwendung und auch mathematische Formalisierung
eines solchen Zufallsprozesses auf Aktienkurse schon ein paar

Jahre zuvor, nämlich im Jahr 1900 durch Louis Bachelier statt-fand, einem jungen Franzosen, der bei dem berühmten Physiker Henri Poincaré promovierte, nachdem er zuvor einige Jahre an der Pariser Börse gearbeitet hatte. Der arme Bachelier war leider – mancher Leser mag sagen, zum Glück – seiner Zeit voraus: Die Ökonomen waren noch nicht so weit, seine Modelle zu verstehen, aber auch die Mathematiker und Physiker nahmen ihn nicht ernst, vermutlich, weil sie die Börse nicht als ein ernsthaftes Beschäftigungsfeld ansahen.

Es ist aus späterer Sicht immer schwer einzuschätzen, warum sich manche Ideen zu einer bestimmten Zeit nicht durchsetzen. Poincaré, der doch zu den besten Mathematikern und Physikern seiner Zeit zählte, hätte die Kraft der Bachelierschen Ideen sehen können. Sein Gutachten der Doktorarbeit liest sich für mich aber nicht so, als hätte er sich genügend Zeit genommen, sondern eher wie ein typisches Gutachten eines Doktorvaters, der eine Arbeit an-, aber nicht sehr ernst nimmt. Bacheliers Rehabilitation setzte erst sehr spät, und zu spät für ihn selbst, ein. Meines Wissens wird erst seit den neunziger Jahren sein wissenschaftlicher Beitrag hinreichend gewürdigt – heute ist eine wissenschaftliche Gesellschaft, die Bachelier Finance Society, nach ihm benannt. Erst in den sechziger Jahren des letzten Jahrhunderts und mit der Autorität des schon damals legendären späteren Nobelpreisträgers Paul Samuelson gelang unserem Diffusionsmodell der Durchbruch in den Wirtschaftswissenschaften.

Die Brownsche Bewegung und Diffusionen allgemein bilden viele zufällige Phänomene ab, aber bei Weitem nicht alle. Man bekommt nämlich, wie Sie anhand des Bildes sehen, Kurse, die zwar wahnsinnig zittern, die aber niemals springen. Große Kurssprünge können wir also mit unserem Modell nicht erfassen. Das wird uns noch später beschäftigen, wenn wir die meiner Ansicht nach falschen, zumindest aber mit großer Vorsicht zu behandelnden Erweiterungen der Finanzmathematik anschauen, die unter anderem Kreditrisiken betreffen. Bei einem Kreditausfall »springt« der Wert von einer Aktie oder einer Anleihe plötzlich auf null, was wir mit unserem Baum- oder Diffusionsmodell nicht erfassen können.

Wir halten also fest: Das Grundmodell der Aktienkurse erlaubt es, diese in normalen Zeiten zu verstehen und zu analysieren, wenn keine großen Sprünge auftauchen und man in erster Näherung davon ausgehen kann, dass die Kurse einer Brownschen Bewegung entsprechen.[12]

Gute Finanzmathematik

Aus dem einfachen Atom können wir sehr komplexe wahrscheinlichkeitstheoretische Modelle bauen, die viele Eigenschaften von Aktienkursen erfassen. Natürlich hat unser Atommodell auch seine Grenzen, die wir erst später betrachten werden. Für den Moment bleiben wir bei unserem einfachen Atom und benutzen es, um ein kleines Modell des Aktienmarktes zu studieren. Den heutigen Punkt oder Zustand kennen wir ja; dies ist der heutige Tag, an dem wir den Aktienpreis beobachten. Sagen wir, unsere Aktie kostet heute 100 Euro. Im Atommodell gibt es morgen zwei Zustände, »up« und »down«. In Anlehnung an die Namen und das Bild nehmen wir an, dass die Aktie gestiegen ist, wenn der Zustand »up« eintritt, und dass sie ansonsten gefallen ist. Sie kann morgen entweder auf 105 Euro steigen oder auf 95 Euro fallen, wie Abbildung 8 zeigt.

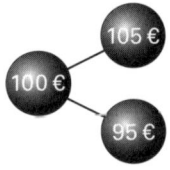

Abbildung 8: Das atomare Aktienmodell.

Wir nehmen der Einfachheit halber an, dass wir uns Geld für 0 Prozent Zinsen leihen können. Nun betrachten wir eine Wette auf den Aktienkurs, die wir in Anlehnung an die Sprache der Aktienmärkte »Digital Call« nennen – solche Produkte werden wirklich gehandelt. Wenn der Aktienkurs steigt, erhalten Sie 10 Euro, wenn er fällt, erhalten Sie nichts. Man erhält also »10 Euro oder nichts«, was das englische »Digital« im Namen erklärt, wobei »digital« eigentlich für »1 oder 0« steht. Wir brauchen uns aber gar nicht für die blumigen Namen der Produkte zu interessieren, die den Geist nur unnötig vernebeln. Wichtig ist, dass die Auszahlung der Wette vom zukünftigen Aktienkurs abhängt. Man spricht hier von einem Derivat (von lateinisch »derivare«, ableiten), weil die Auszahlung der Wette davon abhängt, welchen Wert die zugrunde liegende Aktie hat.

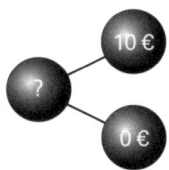

Abbildung 9: Auszahlung des Digital Call.

Wie viel würden Sie heute für den Digital Call zahlen? Normalerweise würde man denken, dass die Antwort auf diese Frage von Ihrer persönlichen Wettneigung abhängt oder Ihrer Angst

vor Risiko; eventuell würden Sie mich nach den Wahrscheinlichkeiten fragen, dass der Kurs steigt, oder Sie würden mir
einfach »aus dem Bauch heraus« eine Zahl nennen, die Ihnen
passend erscheint. Die Ökonomen gingen klassischerweise davon aus, dass Angebot und Nachfrage einen Preis für die Wette
bestimmen. Je nach Angebot und Nachfrage wären dann viele
verschiedene Preise für den Digital Call möglich. Das ist aber
falsch. Es gibt genau einen richtigen Preis für die Wette und er
beträgt 5 Euro. Erstaunt? Das wollen wir doch hoffen. Bei ers-
tem Anschein ist es nicht unbedingt offensichtlich, dass der
Preis festliegt und genau 5 Euro beträgt.

Der eindeutige Preis ergibt sich nämlich aus dem Prinzip der
Arbitragefreiheit. Im Grunde zeigt man dies durch eine ähnli-
che Rechnung wie bei unserem einfachen Äpfel-und-Birnen-
Beispiel. Der Digital Call ist nämlich nichts anderes als eine
Kombination aus Aktien und Anleihen, die man für einen fes-
ten Preis kaufen kann. Dieser feste Preis beträgt hier 5 Euro.

Lassen Sie uns überlegen, wie das geht. Mit 5 Euro können
Sie Folgendes tun: Sie leihen sich 95 Euro, dann haben Sie
100 Euro in der Hand, und auf ihrem Konto steht ein Betrag
von minus 95 Euro. Von diesen 100 Euro kaufen Sie sich eine
Aktie. Gut; damit haben wir ein kleines Portefeuille zusam-
mengestellt, das aus einer Aktie und 95 Euro Schulden besteht.

Nun überlegen Sie einmal für sich selbst, wie sich Ihr Vermögen entwickelt. Lesen Sie hier also nicht weiter, sondern
schreiben Sie für sich selbst hin, welchen Wert Ihr kleines
Portefeuille in den beiden morgigen Zuständen hat und ob Sie
Ihr Konto, das ja 95 Euro Schulden ausweist, ausgleichen können.

Hier ist die Lösung, falls Sie nicht auf mich gehört haben
und lieber weiterlesen wollen: Wenn der Zustand »up« eintritt, so ist die Aktie 105 Euro wert, und Sie haben weiterhin
95 Euro Schulden, die Sie zurückzahlen müssen. Insgesamt
behalten Sie also 10 Euro. Wenn der Zustand »down« eintritt,

verkaufen Sie die Aktie für 95 Euro und begleichen damit Ihre
Schulden von 95 Euro; es bleiben also netto 0 Euro.

Abbildung 10: Das Portefeuille, das den Digital Call perfekt nachbildet
(dupliziert).

Nun kommt der entscheidende Punkt: Sie haben mit Ihrer
Strategie genau den Digital Call nachgebildet! Im »günstigen«
Zustand erzielen Sie 10 Euro, im ungünstigen gerade 0 Euro,
genau wie das Derivat. Die Wette »Digital Call« ist daher
nichts anderes als ein Portefeuille aus einer Aktie und minus
95 Euro Bargeld. Das Portefeuille kann man für 5 Euro erwer-
ben. Wenn Sie das verstanden haben, kennen Sie das Grundprinzip der Finanzmathematik. Sie sind in die Welt der Trader
eingeweiht, und ich hoffe, ich habe Sie überzeugen können,
dass es weniger komplex und mystisch ist, als man Ihnen bisher
gerne vormachen wollte.

Für 5 Euro können wir also das Derivat perfekt nachbilden
– eine perfekte Absicherung (»perfect hedge«) in der Sprache
der Trader –, daher beträgt der einzig mögliche Preis für den
Digital Call 5 Euro.

Was hat unser obiges Argument mit dem Prinzip der Arbitragefreiheit zu tun? Wenn irgendjemand für den Digital Call
6 Euro bezahlt, können Sie einen Gewinn ohne Risiko einstreichen: Sie verkaufen den Digital Call für 6 Euro und kaufen für
5 Euro das Portefeuille aus einer Aktie und minus 95 Euro Bargeld – Sie machen somit heute schon einen Gewinn von 1 Euro.
Kann Ihnen morgen etwas passieren? Nein, denn Sie sind völlig

abgesichert. Wenn der Zustand »up« eintritt, müssen Sie 10 Euro zahlen. Dies ist aber genau der Wert Ihres Portefeuille, das Sie verkaufen. Wenn der Zustand »down« eintritt, müssen Sie nichts zahlen, und auch Ihr Portefeuille können Sie ohne Kosten liquidieren, da es dann ja genau den Wert null hat.

Das und, ich möchte sagen, nur das, ist gute Finanzmathematik. Kurz gesagt, macht sie Folgendes:

- Sie analysiert ein zukünftiges Risiko, eine unsichere Auszahlung, die von dem Wert einer Aktie oder Anleihe abhängt.
- Sie bestimmt mit Hilfe des Prinzips der Arbitragefreiheit einen eindeutigen Preis.
- Sie liefert zugleich das Rezept, wie man sich mit Hilfe eines Portefeuilles perfekt gegen das Risiko absichern kann.

Die Finanzmathematik rechnet also rückwärts, nicht vorwärts. Sie untersucht, wie man sich gegen ein zukünftiges Risiko perfekt absichern kann. Und sie gibt sowohl ein Rezept für diese Absicherung an wie auch den Preis dieses Rezeptes. Sie ist eine Art von (verbesserter) Versicherungsmathematik.

Gute Finanzmathematik ist Versicherungsmathematik.

Hier muss man einmal durchatmen und eine kleine Pause einlegen. Wir haben das Grundprinzip der Finanzmathematik verstanden, aber es dauert eine Weile, bis es einem ganz geläufig wird. Es wird nicht vorhergesagt, es wird nicht spekuliert – nein, es wird einfach nur abgesichert. Sie geben mir ein »Risiko«, also eine unsichere zukünftige Auszahlung in unserem Ereignisbaum, und als Finanzmathematiker rechne ich Ihnen aus, wie viel es kostet, sich perfekt gegen dieses Risiko abzusichern. Nicht mehr, aber auch nicht weniger.

Zum Schluss dieses Abschnittes eine kleine, vielleicht überraschende Bemerkung: Haben Sie eigentlich irgendwo Wahrscheinlichkeiten gesehen? Eigentlich habe ich doch gesagt, dass wir Wahrscheinlichkeitstheorie verwenden würden, um die Finanzmathematik herzuleiten. Wo ist sie denn nun?

Interessanterweise brauchten wir keine Wahrscheinlichkeitstheorie, um unser Derivat zu bewerten. Es war nicht nötig zu sagen, mit welcher Wahrscheinlichkeit die Aktie morgen 105 Euro wert sein würde. Das ist ganz wichtig, weil es diese Art von Finanzmarkttheorie sehr robust macht. Es ist nicht nötig, die Wahrscheinlichkeitsverteilung der Aktienpreise zu kennen oder zu schätzen; alles ergibt sich rein aus einfachen linearen Rechnungen.[13] So ergibt sich der Preis von 5 Euro für unseren Digital Call nicht, weil wir davon ausgehen, dass wir mit gleicher Wahrscheinlichkeit von 50 Prozent nach oben oder unten laufen (dann wäre der Erwartungswert auch gerade 5). Dies würde ja eine subjektive Erwartung über zukünftige Ereignisse, die natürlich immer sehr unsicher ist, voraussetzen. Nein, wir können einfach den Digital Call selbst herstellen, indem wir geeignet handeln. Und diese eigene Herstellung des Derivates kostet eben 5 Euro.

Die Wahrscheinlichkeitstheorie kommt erst ins Spiel, wenn wir von unserem ganz einfachen Ereignisbaum fortgehen und uns Modelle wie die Brownsche Bewegung anschauen. Dann liefert die Wahrscheinlichkeitstheorie die mathematischen Werkzeuge, um Preise entweder explizit oder numerisch zu bestimmen. Aber auch hier gilt, dass man für diese sichere Form der Finanzmathematik nicht die Wahrscheinlichkeiten zu kennen braucht, mit der etwa der DAX steigt oder fällt. Die Rolle der Wahrscheinlichkeitstheorie besteht lediglich darin, Preise zu berechnen.

Nochmals zur Verdeutlichung: In dieser Form ist die Finanzmathematik für die Gesellschaft von großem Nutzen und soll und wird auch Bestand haben. Wir müssen lediglich ihren Missbrauch verhindern.

Die Banken werden an dieser Stelle zu Recht ausrufen, dass man mit dieser Art von Finanzmathematik nicht viel Geld verdienen kann. Das ist richtig. Die großen Renditen von 20 Prozent aufs Eigenkapital erreicht man hiermit nicht. Es ist einfach solide Finanzarbeit, bei der sich eine Bank mühsam von Gebühren und Margen ernährt, die sie dafür erhält, dass sie ihren Kunden Expertise und Erfahrung anbietet. Auch hiervon lässt sich gut leben.

Die Optimierer: Tricksen und Spekulieren mit Finanzmathematik

So, wie ich die eigentliche und gesellschaftlich im Übrigen enorm nützliche Form der Finanzmathematik als eine Form der Versicherungsmathematik geschildert habe, mag sie recht harmlos und in gewisser Hinsicht »langweilig«, mathematisch trocken erscheinen. Wie kann sie dann so gefährlich werden?

Wir dürfen nicht vergessen, dass wir mit der obigen Methode in der Lage sind, *alle* beliebigen Arten von »zustandsabhängigen Zahlungen« der Zukunft zu bewerten und durch eine Handelsstrategie zu erzeugen. Im Prinzip können Sie mir eine beliebige Wette, deren Auszahlung vom Kurs des DAX etwa abhängt, geben, und ich sage Ihnen, wie viel Sie dafür investieren müssen und mit welcher Handelsstrategie sie genau diese Auszahlung erhalten.

Dies eröffnet eine ganz neue Welt, wie es bahnbrechende wissenschaftliche Entdeckungen häufig tun. In unserem Baummodell kann jede Wette, die eine Funktion des Aktienkurses ist, eindeutig bewertet werden.

Jede Funktion … Was heißt denn das konkret? Jede Wette auf den Aktienkurs kann bewertet werden. Das ermöglicht uns, beliebig komplexe Produkte zu erfinden und zu verkaufen! Mit dem entsprechenden Marketing sollte es dann möglich sein, Käufer zu finden, oder?

Als ich einmal den beeindruckenden Trading-Floor einer großen Investmentbank besichtigte, zeigte man mir stolz einen abgetrennten Bereich, in dem »unsere Optimierer« saßen. Ich fragte mich naiv, wie man als Professor nun einmal sein kann, was es denn zu optimieren gäbe. Die Antwort lautete, dass diese Jungs die letzte Rendite aus den Produkten herausquetschen würden. Es hat eine Weile gedauert, bis ich endlich verstand, dass es sich um »Wetten-Erfinder« handelte: Da man jede Wette bewerten und absichern kann, gibt es einen breiten Spielraum für die Erfindung von exotisch klingenden und attraktiv scheinenden Wetten, die sich mit dem entsprechenden Marketing gut verkaufen lassen.

Im Prinzip könnte ich Ihnen ein Derivat bewerten, dass Ihnen die Differenz aus der dritten und der vierten Wurzel des Aktienkurses von IBM zum Ende des nächsten Monats auszahlt. Sie fragen zu Recht, warum sich jemand für den Unterschied gewisser Wurzeln von Aktienkursen interessieren sollte. Andererseits frage ich mich, warum so viele Leute gerne »exotische Optionen« oder »Zertifikate« kaufen, die ebenfalls nichts anderes sind als komplizierte Funktionen vom Wert einer Aktie.

Ein typischer Marketingtrick geht zum Beispiel so: »Gewinne mit fallenden oder stagnierenden Kursen!« Das klingt zunächst einmal überraschend für den klassischen Anleger, der es gewohnt ist, eine Aktie oder Fonds zu kaufen, und dann auf steigende Kurse hofft. Jetzt kann man auch mit fallenden Kursen gewinnen? Nun ja: Die Bank hat mit Hilfe der Finanzmathematik gelernt, wie man jede Wette bewertet und absichert. Jetzt kann sie folgende Auszahlung anbieten: Der Kunde erhält 100 Euro, wenn der DAX sich im folgenden Monat nicht um mehr als 100 Punkte ändert, ansonsten erhält der Kunde nichts.

Das Ganze bekommt einen klingenden Namen wie »Inline-Zertifikat« oder, wenn man die Auszahlungsfunktion noch etwas komplizierter gestaltet, »Down-and-out-Put« oder »Up-and-out-Call« oder noch besser »Reverse-Discount-

Plus-Zertifikat«, wo man aus dem Namen kaum noch die Struktur der Funktion ablesen kann. Üblicherweise wird damit geworben, dass durch solche Zertifikate eben auch in schlechten oder mäßigen Zeiten hohe Renditen möglich seien. Typischerweise liest sich dies im Finanzteil der großen Tageszeitungen dann so: »Die Seitwärtsbewegung des DAX hält an. Eine optimale Zeit für Inline-Optionsscheine ... Wenn die Märkte seitwärts laufen, tun sich viele Anleger schwer, das richtige Investment zu finden. Dabei bietet die Derivatewelt für solche Phasen die passenden Produkte: Korridorscheine.«

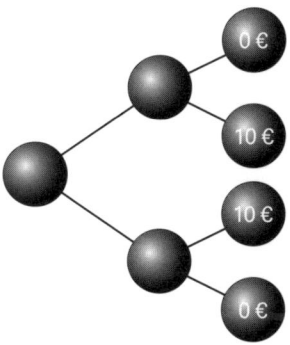

Abbildung 11: Die Auszahlung eines Korridorscheins im Zwei-Perioden-Ereignisbaum. Mit Hilfe der Finanzmathematik rechnet man zurück, welches Portefeuille man am Anfang kaufen muss, um diesen Korridorschein perfekt nachzustellen.

In der Tat können wir den eindeutigen und richtigen Preis für einen solchen »Korridorschein« in unserem Modell berechnen. Wenn wir den Ereignisbaum der Einfachheit halber für zwei Perioden nehmen, würden wir bei den extremen Zuständen, wo der Kurs zweimal steigt oder zweimal fällt, jeweils eine 0 eintragen und bei den mittleren Zuständen zum Beispiel eine 10. Dies ist eine unsichere zukünftige Auszahlung, und wir könnten dann ein Portefeuille berechnen, das uns perfekt gegen so eine Auszahlung absichert.

Die »Optimierer« in den Banken machen im Prinzip genau das: Sie berechnen, wie viel es die Bank kostet, sich perfekt abzusichern, sagen wir, 50 Cent, und verkaufen den tollen »Korridorschein« dann für 60 Cent an den Investor, der bei seitwärts laufenden Kursen unbedingt Rendite machen will. Die Rolle der »Optimierer« in den Banken besteht oft darin, sich gut klingende Wetten auszudenken, ein Modell der Absicherung zu berechnen, und es möglichst gut zu verkaufen.

Das allein ist bedauerlich, aber erlaubt, und es erzeugt nicht automatisch große Finanzkrisen. Aus volkswirtschaftlicher Sicht werden hier trotzdem viel zu viele unnötige Wetten verkauft; andererseits liegt es in der Verantwortung von Investoren, wenn sie solche Wetten eingehen. Aufgrund der Marge der Bank verbleibt ohnehin der größte Teil der Rendite bei der Bank. Nichtsdestotrotz wird die Finanzmathematik gern benutzt, um angeblich lukrative Scheingeschäfte zu erzeugen.

Zu guter Letzt komme ich noch einmal auf unser Beispiel falscher Regulierung, also Value at Risk, zurück. Wenn man weiß, dass Value at Risk Ereignisse kleiner Wahrscheinlichkeit übersieht, kann man die Finanzmathematik benutzen, um seine Rendite zu »optimieren«. Dazu muss folgendermaßen vorgehen: Wir haben die Zustände der Welt in einfache kleine Atome zerlegt. Eigentlich müssten wir eine gewisse Versicherung, die wir an einen Kunden verkauft haben, perfekt absichern – wie das geht, hat uns die Finanzmathematik gezeigt.

Wie stark können wir nun unsere Gewinne steigern, wenn wir auf gewissen »Atomen« einfach mal nicht absichern? Solange die kumulierte Wahrscheinlichkeit all der Atome, auf denen wir nicht absichern, unter dem Konfidenzniveau von Value at Risk bleibt, fällt das unserem Risikomanagement nicht weiter auf, und auch die Bankaufsicht kann, ja darf sich sogar nicht beklagen. So kommt man in der Tat auf ein durchaus interessantes mathematisches Optimierungsproblem: Man soll die Atome suchen, deren kumulierte Wahrscheinlichkeit unter einer gewissen Schranke liegt, so dass der zusätzliche Gewinn maximal wird. Wenn das kritische Niveau 5 Prozent beträgt, kann man bei manchen Optionen und typischen Marktkonditionen die Rendite auf diese Weise um 20 Prozent steigern. Allerdings verliert man dann eben in 5 Prozent der Fälle sehr viel Geld, weil dies die Atome sind, auf denen man »optimiert« hat.

Erlauben Sie mir eine kleine private Anekdote zum Schluss dieses Abschnittes. Ich hatte das Privileg, diese Dinge mit einer kleinen Gruppe von Kommilitonen, von denen die meisten heute Professoren sind, Mitte der neunziger Jahre, also weit vor der Finanzkrise, an der Humboldt-Universität zu lernen. Wir gehörten damit zu den ersten auf der Welt, die von den Möglichkeiten des Optimierens gegen Value at Risk erfuhren. Ich weiß noch, wie begeistert wir ob der schönen Fragestellung und der eleganten Lösung des Problems aus dem Hörsaal gingen. Bis plötzlich jemand sagte: »Was passiert eigentlich, wenn alle das machen?«

Das ist in der Tat ein wichtiger Punkt: Sowohl in der Moralphilosophie wie in der Volkswirtschaft ist es oft wichtig, sich zu fragen, was passiert, wenn alle ein und derselben Verhaltensweise folgen. In der Moralphilosophie dient diese Frage seit Kant dazu, herauszufinden, ob eine gewisse Maxime des Handelns moralisch tragbar ist. In der Volkswirtschaftslehre dienen solche aggregierten Betrachtungen dazu, festzustellen, wann das Gleichgewicht eines Systems gefährdet ist.

Wenn alle Banken auf die beschriebene Weise optimieren, kann es leicht passieren, dass sie alle gleichzeitig in Schieflage geraten. Während das normale Wirtschaften dazu führt, dass die Risiken einigermaßen unabhängig über die Banken verteilt sind, was im Aggregat dazu führt, dass immer mal einige, aber nur extrem selten alle Banken gleichzeitig in Not geraten, führen die Optimierungspraktiken dazu, dass viele Banken dieselbe Art von Wetten eingehen. Wenn es dann schlecht für die einen läuft, läuft es auf einmal schlecht für alle, und die Stabilität des Systems ist gefährdet.

VIERTES KAPITEL

Die Verantwortung der Mathematiker: Grenzen und Fehlentwicklungen der Finanzmathematik

Die meisten Mathematiker würden mit Inbrunst jegliche Schuld an der Krise von sich weisen. Es war von jeher das Privileg des reinen Mathematikers, fern von den Stürmen des wirklichen Lebens seine Tage zu verbringen. In die Geschichte eingegangen ist in dieser Hinsicht der berühmte Essay des Oxford-Professors Godfrey Harold Hardy *A Mathematician's Apology*, in dem er vehement die Schönheit und Reinheit der Mathematik gerade unabhängig von möglichen Anwendungen, die er als zumeist trivial oder langweilig verspottet, verteidigt.

Sein Buch spricht an vielen Stellen gerade den besseren Menschen aus dem Herzen, denen es eben nicht um den momentanen Genuss, den eigenen Reichtum oder die eigene Macht geht, sondern die in einem schönen, wenn auch heute, wie mir scheint, oft vergessenen Sinne nach »Höherem« streben und der Welt etwas Bleibendes geben wollen. Aber er irrt, wenn er der angewandten Mathematik jeden Nutzen und auch jede intellektuelle Faszination abspricht. So sagt er etwa an einer Stelle: »Wenn ein Schachproblem, in einem rohen Sinn, nutzlos ist, so trifft das gleichermaßen auf den besten Teil der Mathematik zu; sehr wenig Mathematik ist praktisch brauchbar, und dieses Wenige ist banal.«[14]

Das ist nicht erst seit dem Beginn der Finanzmathematik, die nun wirklich zu faszinierender und aufregender Mathematik geführt hat, falsch, sondern war auch schon zu Zeiten des großen Carl Friedrich Gauß oder eines Newton oder Einstein falsch. Es gab schon immer angewandte Mathematik in den Naturwissenschaften oder der Technik, die gerade nicht banal war, und viele wichtige Fragestellungen der reinen Mathematik kommen gerade aus den empirischen Wissenschaften. Hardy war ein herausragender Zahlentheoretiker und Analytiker, und nichts spricht dagegen, diesen Forschern die volle akademische Freiheit zu lassen. Die beschränkten Mittel einer Gesellschaft zwingen uns jedoch leider dazu, möglichst nur den Besten diese Art des Lebens zu ermöglichen. Angewandte Mathematiker, zu denen ich gehöre, stehen in der Pflicht, über den gesellschaftlichen Nutzen und Schaden ihrer Theorien Rechenschaft abzulegen.

Auch eine Reihe namhafter Finanzmathematiker vertreten oder vertraten die These, dass die Wissenschaftler selbst natürlich nicht schuld seien. Der Finanzmathematiker Steven Shreve deutet in einem Artikel im *Forbes Magazine* etwa an, dass die Absolventen seiner renommierten Carnegie Mellon University, die in den Banken arbeiteten, durchaus wussten, dass die gehandelten Produkte nicht mehr sinnvoll zu bewerten oder abzusichern waren. Er nimmt allerdings die Last von den Schultern der in den Banken arbeitenden Mathematiker, den sogenannten »Quants«, indem er sagt: »Aber in den meisten Banken treffen die ›Quants‹ nicht die Entscheidungen. Wenn sie Warnungen ausgeben, die den Gewinnen im Weg stehen, werden sie schnell beiseitegeschoben.«[16] So liegt die Schuld also bei den »bösen« Managern der Bank, die auf die schlauen Mathematiker nicht hören wollen. Wer selbst schon einmal versucht hat, einem Vorstandchef einen komplexen Sachverhalt näher zu bringen, mag durchaus Sympathie für eine solche Position finden. Wir Wissenschaftler machen es uns aber zu leicht, wenn wir einfach behaupten würden, dass wir über die Wackligkeit des Systems Bescheid wussten, aber leider niemand auf uns hörte.

Man spürt, dass es einen Zusammenhang zwischen den Fehlentwicklungen der Anwendung der Wissenschaft und den Wissenschaftlern selbst geben muss. Die Physik musste sich solchen Fragen nach der Entwicklung der Atombombe stellen; die Aufarbeitung der Rolle der Finanzmathematik bei der Entstehung des jetzigen Schlamassels steht noch an. Lassen Sie uns versuchen, erste Antworten auf die Frage nach Verantwortung und Rolle der Wissenschaft zu geben.

Kreditrisiken: Grenzen der eigentlichen Finanzmathematik

Es ist faszinierend zu sehen, wie stürmisch und rasant sich eine einmal gut begründete und mathematisierte Wissenschaft entwickelt. Dies trifft bei Weitem nicht nur auf die Physik und auf die Finanzmathematik zu, auch die eher klassischen Bereiche der Wirtschaftswissenschaften haben von ihrer Mathematisierung stark profitiert. Mathematik führt eben zu Klarheit und zu der Möglichkeit, hochkomplexe Vorgänge sinnvoll diskutieren zu können, die man mit der normalen Umgangssprache nicht in den Griff bekommt. Aber Mathematik kann auch falsch angewandt und überdehnt werden, insbesondere wenn man sich der Grenzen der Modelle nicht bewusst ist.

Für die Finanzwelt führte die Mathematisierung jedenfalls zu einer spektakulären Entwicklung – in der Wissenschaft und in der Praxis. Nach den Durchbrüchen der späten sechziger und frühen siebziger Jahre vergingen etwa zehn Jahre, bis Mathematiker und Ökonomen geklärt hatten, wie eigentlich die Grundlagen einer mathematisierten Finanzwissenschaft auszusehen hätten. Damit tat sich Anfang der achtziger Jahre eine faszinierende Welt neuer ökonomischer Fragestellungen und Probleme auf, die sich nun lösen ließen und zudem mit faszinierender Mathematik verbunden waren. Auch für mich, der in den neunziger Jahren ernsthaft mit Wissenschaft begann, war

klar, dass die besten Fragestellungen für einen Wahrscheinlich-
keitstheoretiker, der an der wirklichen Welt interessiert war, in
der Finanzwelt zu finden waren. Es entstanden eigene wissenschaftliche Zeitschriften mit Namen wie *Mathematical Finance*
oder *Finance and Stochastics*, um die besten aus einer langen
Reihe zu nennen, und schließlich folgte eine eigene große »Industrie« innerhalb der Wissenschaft mit eigenen Lehrstühlen,
Master- und Doktorandenprogrammen. Wie bei allen menschlichen Leidenschaften kam es auch im Bereich der Ausbildung
an den Universitäten sicherlich zu einer gewissen Übertrei-
bung. Glücklicherweise lassen sich solche wissenschaftlichen
oder universitären Blasen mit viel weniger Geld und Aufwand
reparieren als andere.

Die Forschungsergebnisse schritten und schreiten unaufhalt-
sam voran. Nach den eigentlichen Grundlagen, die ich oben
skizziert habe, und mit denen man einfache Optionen auf Aktien bewertet und absichert, wurden immer komplexere Themen erobert: Hierzu gehört etwa die Theorie der Zinsstruktur
und ihrer Derivate; Modelle für Einschränkungen an Handels-
möglichkeiten wie das Verbot von Leerverkäufen wurden entwickelt, man kann Transaktionskosten einführen, es gibt Modelle zu Insider-Informationen, Modelle für Währungsderivate,
und schließlich entstanden auch Modelle für Kreditrisiken. Vor
lauter Begeisterung über die Erfolge der Theorie in Kombination mit der Schönheit der involvierten Mathematik wurden
aber die grundlegenden Grenzen der Finanzmathematik von
Teilen der Wissenschaft und der Investmentwelt immer mehr
ignoriert und schließlich vergessen.

Wir wollen uns jetzt den Grenzen und Fehlentwicklungen
zuwenden. Beide Themen haben sehr viel mit den Kreditrisiken zu tun, die später eine solch unrühmliche Rolle spielten
und auf die man die Formeln der Finanzmathematik nicht un-
reflektiert und unverantwortlich hätte anwenden dürfen.

Grenzen des Baummodells: Diffusionen und Sprünge

Unser erstes Thema hat mit den Grenzen unseres Baummodells, das auf dem simplen »Atom« von Abbildung 2 basierte, zu tun. Lassen Sie uns noch einmal einen Blick auf den Ereignisbaum werfen.

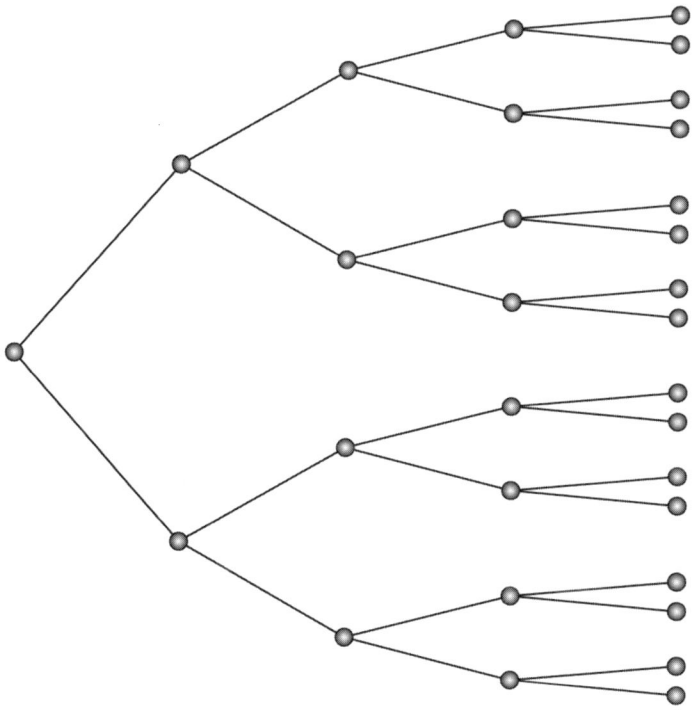

Abbildung 12: Noch einmal das Basismodell der Finanzmathematik.

Ich habe im letzten Kapitel schon die natürlichen Grenzen eines solchen Modells angedeutet, nun wollen wir ein wenig mehr ins Detail gehen. Zwischen die beiden Zeitpunkte heute und morgen haben wir nun viele weitere Zeitpunkte gesetzt, in

denen man sich entweder nach oben oder nach unten bewegen
kann. In unserem ersten Atom wurden die Preisbewegungen so
modelliert, dass der Kurs um 5 Euro steigen oder fallen kann.
Nun führen wir weitere Verzweigungen ein, so dass nicht nur
zwei, sondern 4, 8, 16 et cetera Ereignisse möglich sind. Insgesamt wollen wir aber bei demselben Preisbereich für unsere
Aktie bleiben, das heißt: Zwischen heute und morgen soll sich
der Preis nur zwischen 95 und 105 Euro bewegen können. Als
Konsequenz daraus müssen wir die Preissprünge, die sich bei
jedem einzelnen »Up« oder »Down« ergeben, entsprechend
skalieren. Die einzelnen Preisbewegungen, die ich in jeder
Verzweigung zulasse, müssen also immer kleiner werden. Wir
nähern uns damit der Wirklichkeit durchaus an, in der sich die
einzelnen Aktienkurse ja auch in »Ticks«, also kleinen Mini-
maländerungen bewegen.

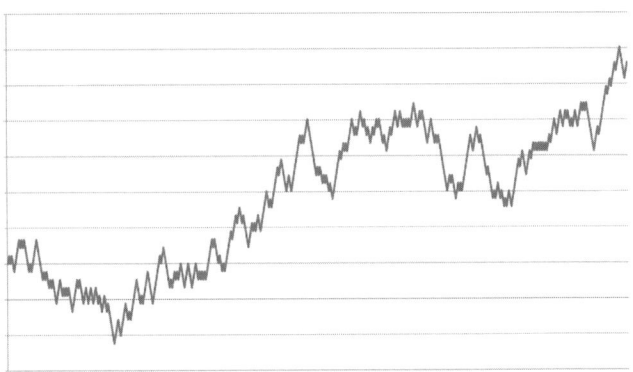

Abbildung 13: Noch einmal die Brownsche Bewegung.

Wenn wir die Schrittgröße sehr klein werden lassen und zufällig durch den Baum laufen, erhalten wir die schon bekannte
Form einer Brownschen Bewegung oder Diffusion. Wie gesagt: Große Sprünge kommen in diesem Modell nicht vor. Der
komplette Ausfall einer Aktie, also eben ein Kreditereignis,

kann so nicht modelliert werden. Das Basismodell der Finanzmärkte erfasst nur, wie man sagt, stetige Preise; außergewöhn-
liche Sprünge oder sehr seltene Ereignisse mit großen Auswirkungen, die berühmt gewordenen »schwarzen Schwäne« etwa,
treten nicht auf.

In der Wirklichkeit muss sich aber der Aktienkurs bei jeder
einzelnen Bewegung nicht an das minimale Inkrement halten;
er kann plötzlich um einen relativ großen Betrag springen. In
unserem Modell ist das zunächst nicht möglich. Der Aktienkurs muss viele kleine Aufwärtsbewegungen vollziehen, um einen großen Kurssprung nachzuvollziehen. Eine wichtige Konsequenz ist also, dass unser Baummodell nicht mehr plötzliche
große Sprünge erfassen kann.

Wir halten fest: Unser Basismodell, in dem die Bewertung
und Absicherung von Risiken so gut funktionieren, modelliert
nur Aktienkurse, die sich aus vielen sehr kleinen Bewegungen
ohne plötzliche Sprünge zusammensetzen, also aus Diffusionen.

Finanzmathematik funktioniert gut, wenn die Kurse durch
Diffusionen modelliert werden können.

Nun können Sie einwenden, dass unser »Atom« vielleicht arg
einfach gewählt war und wir eben komplexere »Moleküle«, um
im Bild zu bleiben, betrachten sollten. Mathematisch sollte das
doch möglich sein: Man kann etwa noch eine weitere Abzweigung bei unserem Atom hinzufügen, bei dem sich auch nach
Skalierung der Preis nicht wenig, sondern stark ändert, und so
etwas sollte doch im Prinzip einen Sprung modellieren können.

In der Tat ist die Mathematik solcher Diffusionssprungpro-
zesse oder, allgemeiner noch, beliebiger zufälliger Prozesse,
die sich in vernünftiger Form durch Algorithmen beschreiben
lassen, gut erforscht, und natürlich haben wir Wissenschaftler
uns angeschaut, ob und wie man auch dann noch Finanzmathematik betreiben kann. Man kann, und es ist und war extrem

wichtig, sich die erweiterten Modelle anzuschauen, um eben die Grenzen und Möglichkeiten der Finanzmathematik auszuloten. Die Mathematik – dies lohnt sich an dieser Stelle einmal festzuhalten – ist dann auch immer klar und nüchtern und erlaubt es uns gerade, die Strukturen der Risiken in großer Tiefe zu verstehen.

Das Problem besteht eben darin, dass man die Augen vor den Wahrheiten der Mathematik, zum Teil wissentlich, zum Teil unwissentlich, verschlossen hat. Das Ignorieren der Finanzmathematik durch weite Teile der Gesellschaft ist aber eben auch eine selbst verschuldete Unmündigkeit, um einmal den großen Aufklärer Immanuel Kant zu zitieren. Nun müssen wir eben die Kosten für diese Unmündigkeit tragen.

Bevor wir aber zu weit abschweifen, kommen wir zurück zu den Grenzen des Grundmodells. Was sagt uns denn nun die Mathematik zu den Erweiterungen des Modells? Das Ergebnis ist ernüchternd: Wenn man die wesentlichen Resultate beibehalten will, muss man sich auf die einfachen Baummodelle und ihre zugehörigen Grenzfälle, also Diffusionen, beschränken.[16]

> Das Absichern und das eindeutige Bewerten von Derivaten funktioniert nur im Baummodell.

Da dies ein wichtiger, wenn auch ein wenig technischer Punkt ist, möchte ich versuchen, den wesentlichen Punkt kurz anschaulich dazulegen. Eine simple Möglichkeit, unser Atom zu erweitern, besteht darin, einen weiteren Zustand einzubauen. Dann sähe unser Modell so aus wie in Abbildung 14. Hier habe ich nun die beiden Möglichkeiten, dass die Aktie um 5 Euro steigt oder sinkt, beibehalten, habe aber einen weiteren Sprungzustand hinzugefügt, bei dem Preis plötzlich explodiert und auf 195 Euro steigt. Wie gesagt: es geht hier nicht darum, möglichst realistisch zu sein, sondern zu illustrieren, was bei einem solchen komplexeren Modell schief geht.

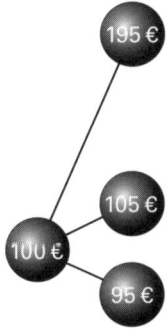

Abbildung 14: Das atomare Aktienmodell mit einem zusätzlichen
»Sprung«-Zustand.

Ein Derivat hat nun drei Auszahlungen in den drei Zuständen.
Gehen wir zurück zu unserem Beispiel, dem Digital Call aus
dem letzten Kapitel, der 10 Euro auszahlt, wenn der Aktienkurs steigt. Bei unserem Digital Call würden wir auch im neuen
Zustand 10 Euro erhalten. Die Auszahlung sähe also so aus,
wie Abbildung 15 zeigt.

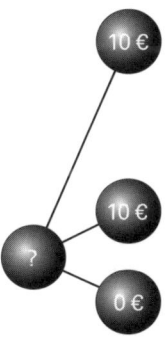

Abbildung 15: Auszahlung des Digital Calls im erweiterten Modell.

Nun wollen wir uns gegen dieses Derivat perfekt versichern
wie im vorigen Kapitel. Wir suchen also ein Portefeuille aus
der Aktie und einem gewissen Geldbetrag, das genau die Auszahlung des Calls nachbildet. Wir haben aber nun ein funda-

mentales Problem: Wir können ja *zwei* Werte frei wählen, eben
die Anzahl der Aktien und die Menge Geld. Wir wollen aber in
drei Zuständen genau einen bestimmten Wert erreichen. Wir
kommen also auf drei Gleichungen mit zwei Variablen – und
dies hat meistens keine Lösung! Zwei ist kleiner als drei und
wird es auch immer bleiben.

Lassen Sie es uns einmal an Hand des Beispiels durchgehen.
Wir wissen bereits aus dem vorigen Kapitel, dass wir eine Aktie
und minus 95 Euro halten müssen, um die beiden unteren Zustände perfekt abzusichern. Welche Auszahlung würden wir
mit diesem Portefeuille aber im dritten Zustand erhalten? Da
die Aktie dort 195 Euro wert ist, wäre 195–95 = 100 Euro, also
viel zu viel. Wir könnten natürlich auch versuchen, die beiden
oberen Zustände perfekt abzusichern. Da die Auszahlung in
beiden Fällen 10 Euro beträgt, würden wir dann einfach
10 Euro halten. Dann hätten wir aber auch im dritten Zustand
die Auszahlung 10 Euro und nicht 0. Oder wir sichern den
obersten und den untersten Zustand ab, aber Sie ahnen schon,
dass auch dies nicht zum gewünschten Ergebnis führen wird.
Sie können dies ja einmal zur Übung für sich selbst ausrechnen
(man würde dann im mittleren Zustand eine zu niedrige Auszahlung erzielen).[17]

Hier treffen wir also auf eine fundamentale Grenze unseres
Modells. Wenn es in jedem Knoten des Baums mehr als zwei
Verzweigungen gibt, ist die perfekte Absicherung von Derivaten nicht mehr möglich. Man sagt, dass der Markt unvollständig ist.

Mein simples Beispiel illustriert übrigens nur, was schief
gehen kann. Wenn die Welt wirklich nur drei Zustände hätte,
könnte man das Problem leicht beheben, indem man eine weitere Aktie hinzufügt, weil man dann mit zwei Aktien und dem
Bond drei Variablen und drei Gleichungen hätte. Aber die
Welt ist nun einmal nicht so: Kaum hat man die dritte Verzweigung »repariert«, taucht eine vierte auf, und so geht es weiter

ad infinitum. Im Allgemeinen gilt, dass man immer, wenn man das Baum- oder Diffusionsmodell verlässt, auf das Problem der Unvollständigkeit stößt. In diesen Modellen sind perfekte Absicherungsstrategien nicht möglich.

Grenzen des Marktes: Wenn das zugrunde liegende Objekt nicht gehandelt wird

Unser einfaches Absicherungsargument aus dem dritten Kapitel beruht auf der Tatsache, dass das Derivat nur eine Mischung aus der Aktie und Geld war. Das Argument beruht natürlich wesentlich auf der Tatsache, dass man sich die Aktie und auch Geld in beliebigen Mengen beschaffen kann. Nun ja, werden Sie vielleicht fragen, wo liegt das Problem? Natürlich können Sie die Aktie kaufen, und Geld können Sie sich (als Bank) problemlos beschaffen, das ist doch gerade der Witz. In der Tat.

Nun gibt es aber eben auch andere sehr wichtige Märkte, bei denen die Auszahlung des Derivates von Objekten abhängt, die *nicht* gehandelt werden. Ein wichtiges Beispiel sind hier die zinsabhängigen Derivate, die schon viel Unheil angerichtet haben; eine ganz typische Provinzposse dieser Art, die sich aber in Hunderten von Städten und Gemeinden Europas ereignet hat, schildere ich im nächsten Kapitel.

Zinsabhängige Derivate kennen viele Leute von ihren eigenen Krediten, auch wenn diese dann nicht so bezeichnet werden. Ein Beispiel sind Kredite mit einer fixen und einer variablen Komponente: Sie zahlen für Ihren Hauskredit stets 4 Prozent, außer wenn der kurzfristige Zins auf den Finanzmärkten darüber liegt; dann zahlen Sie diesen höheren Satz. Solche Verträge mit teils flexiblen, teils festen Zinssätzen sind durchaus gängig und beliebt. Technisch heißen diese Verträge zum Beispiel variable Darlehen mit Zinsbegrenzungsgeschäft; gerne wurden auch variable Darlehen kombiniert mit gewissen Zinstauschgeschäften verkauft.

Wenn wir nun unser typisches Absicherungsargument anwenden wollten, um den korrekten Preis des Vertrags zu berechnen, würden wir wieder ein Baummodell formulieren, in dem der Zinssatz in jedem Schritt steigen oder fallen kann. So weit, so gut. Dann würde uns die Theorie sagen, wie viele »Anteile an Zinsen« und Cash wir halten müssen, um uns perfekt abzusichern. Aber hier stoßen wir auf das Problem, das wir einen Zins nicht kaufen können. Der Wert unseres Vertrages hängt von einer zufälligen Größe ab, die wir nicht direkt handeln können. Im Falle der Zinsen gibt es natürlich oft hinreichend guten Ersatz. So kann man eventuell kurzfristige Anleihen als »Proxy«, also Annäherung verwenden. Denn der Wert einer Anleihe ist in etwa der abgezinste zukünftige Wert eines festen Euro-Betrages in der Zukunft, so dass kurzfristige Anleihen sehr stark mit dem kurzfristigen Zins korrelieren.

Es gibt aber auch andere Ereignisse, auf die die Finanzmarkttheorie ausgedehnt wurde, bei denen das zugrunde liegende Objekt keine liquide handelbare Aktie ist. Das bekannteste Beispiel der Finanzmarktkrise sind Kreditereignisse. Ich kann beispielsweise eine Wette auf die Pleite von IBM oder Griechenland oder auch eine Versicherung gegen diesen Ausfall – die berüchtigten Credit Default Swaps – beschreiben. Da dieses Ereignis »Zahlungsausfall Griechenland« selbst aber keine handelbare Aktie ist, läuft unser obiges Absicherungsargument nicht mehr. Hier stößt die Finanzmathematik an natürliche Grenzen:

Derivate, deren Auszahlung von nicht gehandelten Werten abhängt, können nicht eindeutig bewertet werden.
Man kann keine eindeutige Absicherungsstrategie für solche Derivate angeben.

Liquidität und Transaktionskosten, also »Reibung«, wenn man eine physikalische Analogie verwenden will, sind ein weiteres grundlegendes Problem. In unserem Baummodell müssen Sie in jedem Knoten das Portefeuille wieder leicht anpassen, theoretisch jedenfalls. Das erfordert aber einen liquiden Markt: Die benötigte Menge an Aktien muss stets auf dem Markt handelbar sein. Wenn Sie selbst relativ kleine Mengen einer liquiden Aktie handeln, wird dies kein Problem sein. Sie werden es aber spüren, wenn Sie auf einem Markt mit wenigen Händlern und geringem Angebot unterwegs sind. Stellen Sie sich vor, Sie brauchen für Ihre Absicherungsstrategie tausend Aktien, aber es gibt auf dem Markt überhaupt nur ein paar hundert. Wenn Sie den gesamten Markt aufkaufen wollen, werden die Preise so stark steigen, dass unser Modell nicht mehr korrekt ist. Wir gingen bisher davon aus, dass unser Handeln keinen Einfluss auf die Marktpreise hat. Wenn wir aber alles aufkaufen, was überhaupt dort ist, beeinflussen wir den Markt mehr, als uns selbst lieb ist: Auf einmal bekommen wir die Aktie gar nicht mehr für die 100 Euro, die wir in unserer Rechnung unterstellt haben, sondern müssen viel mehr für sie zahlen, weil unsere Handelspartner verstanden haben, dass wir unbedingt diese Aktien haben wollen.

Transaktionskosten machen unsere Absicherungsstrategien nicht gerade leichter: Wenn Sie für jeden Handel eine fixe Summe zahlen müssen, bekommen Sie mit unserem Modell ebenfalls Probleme, weil Sie ja im Prinzip sehr oft handeln müssen. Die Transaktionskosten fressen dann Ihre Absicherungsstrategie. Das Grundargument der Finanzmathematik gilt daher nur für Institutionen, die relativ reibungslosen Zugang zu gut funktionierenden liquiden Märkten haben. Dies ist gerade eine der wichtigsten volkswirtschaftlichen Rollen solcher Institutionen: Sie stellen uns Normalbürgern finanzielle Dienstleistungen bereit, die wir nicht selbst leisten können oder wollen oder zu denen uns Erfahrung und Zeit fehlen.

Grenzen der Wissenschaft: Modellunsicherheit

Wir haben einige sehr konkrete Grenzen der eigentlichen Finanzmathematik kennen gelernt. Die Finanzmathematik berechnet nur dann den genauen Wert eines beliebigen Risikos und liefert eine genaue Beschreibung, wie man sich gegen dieses Risiko perfekt absichert, wenn das zu Grunde liegende Risiko beliebig handelbar ist und sein Wert sich durch eine Diffusion beschreiben lässt. Wenn Preise springen oder wenn das Risiko von Ereignissen abhängt, die selbst nicht gehandelt werden, befinden wir uns jenseits der natürlichen Grenzen der eigentlichen Finanzmathematik.

Wir können und wollen diesen letzten Punkt weitertreiben und ins Prinzipielle und Grundsätzliche gehen. Üblicherweise schrecken eher mathematisch-technisch geprägte Wissenschaftler vor solchen Ausflügen zurück, weil sie sich vor den möglicherweise frucht- wie endlosen Diskussionen fürchten, die solche philosophischen Grundsatzfragen manchmal hervorrufen. Zuweilen ist es aber notwendig, in eine Phase der Selbstreflektion einzutreten, wenn man nicht wie Max Frischs Homo Faber von der Wucht des Schicksals überrollt werden möchte. Wir wollen uns also einmal fragen: Was tun wir hier eigentlich gerade?

Offensichtlich wenden wir ein mathematisches Modell auf die Wirklichkeit an – und zwar auf eine ganz besondere, vom Menschen selbst geschaffene Wirklichkeit: der Welt des Handels mit Risiken und Chancen, der Welt der Aktienanteile und Wandelanleihen, der Welt der Börsen und Investmentbanken. Können mathematische Modelle diese Welt beschreiben? Diese Frage scheint gerade im Bereich menschlichen Verhaltens sehr berechtigt. Menschen sind schließlich keine Computer und auch nicht vollkommen naturgesetzlich determiniert, so dass eine mathematische Beschreibung von Preisen und Handelsaktivitäten durchaus fragwürdig erscheinen mag.

Im Zuge der jetzigen Grundlagenkrise der Wirtschaftswissenschaften tauchen natürlich allerlei Kritiker der angeblich übertriebenen Mathematisierung auf, die einer anderen Wirtschaftstheorie das Wort reden. Auch wenn ich mich später im Buch als ein Gegner riskanter Prognosen outen werde, so kann ich Ihnen doch an dieser Stelle versichern: Wenn wir die Kraft der Mathematik aus den Wirtschaftswissenschaften verbannen, dann wird es nicht besser, sondern schlechter, und Sie können Gänsefüßchen an das Beiwort »Wissenschaft« stellen. Eine Reflektion der Rolle der Mathematik in den Gesellschaftswissenschaften halte ich für höchst wichtig und angebracht; insbesondere müssen wir uns über die grundlegenden Annahmen und das Menschenbild der Volkswirtschaftslehre verständigen, was hier nicht der rechte Ort ist. Ohne Mathematik wird man dieser Aufgabe jedoch nicht gewachsen sein.

Auch im Bereich der Naturwissenschaften ist der Siegeszug der Mathematik relativ jung. Dass sich die Natur mit mathematischen Modellen beschreiben lässt, war auch lange umstritten und ist erst seit Leibniz und Newton sowie den Erfolgen der Mechanik anerkannt. In der Tat ist es gerade auch für die Wissenschaftler selbst immer überraschend und faszinierend gewesen, dass ihre Modelle wesentliche Aspekte der Natur beschreiben.

In seinen frohen und optimistischen Zeiten behauptete der Welt- und Wissenschaftsveränderer Galileo Galilei kühn, dass das Buch der Natur in mathematischer Sprache geschrieben sei. Albert Einstein wunderte sich an einer Stelle: »Wie ist es möglich, dass die Mathematik, letztlich doch ein Produkt menschlichen Denkens unabhängig von der Erfahrung, den wirklichen Gegebenheiten so wunderbar entspricht?« Schon Immanuel Kant hatte versucht, diesen scheinbaren Widerspruch durch eine Erkenntnistheorie zu überwinden, nach der die Gesetzmäßigkeiten unserer empirischen Erfahrung implizieren, dass diese Erfahrung auch mathematischen Gesetzmäßigkeiten gehorcht. Unbestritten bleibt jedenfalls, dass die Anwendung der Mathematik in den Natur- und Ingenieurwissenschaften den Reichtum und Wohlstand unserer heutigen Zeit erst ermöglicht hat. Wir sollten also weder das Kind mit dem Bade ausschütten, indem wir grundsätzlich alle Anwendung von Mathematik auf wirtschaftliche Probleme verteufeln, noch aber ihren Gebrauch kritiklos idealisieren und überhöhen.

In der Anwendung der Mathematik auf die Finanzmärkte treffen wir auf das grundlegende Problem der *Modellunsicherheit*. Da wir in den Gesellschaftswissenschaften unsere Modelle nicht so genau im Labor testen können, wie dies in der Physik möglich ist, müssen wir uns stets der Grenzen der Modelle bewusst sein. Ich kenne viele Sozialwissenschaftler und Philosophen, denen schon das Hinschreiben eines mathematischen Modells ein Gräuel ist. Es ist auch richtig: Sobald man ein Modell hinschreibt, blendet man notwendigerweise viele Faktoren aus. Das muss aber so sein, wenn wir erfolgreich Wissenschaft betreiben wollen. So wie es keinen Sinn ergibt, die psychischen Probleme von Experimentatoren mit der Frage nach Interferenzen des Lichtes zu vermischen, weil man dann weder das eine noch das andere versteht, so ist es sehr wohl sinnvoll, bei der Frage nach dem Wert von Derivaten zunächst einmal andere Aspekte auszublenden. Wir haben ja zum Beispiel angenommen, dass der Preis der zugrunde liegenden Aktie gegeben ist, aber man könnte auch wissen wollen, woher ein solcher Preis überhaupt kommt. Oder wir haben die einzelnen Investmentbanken oder auch den privaten Sparer nicht im Modell (und wollen es auch gar nicht).

Modellbildung bedeutet immer, dass man
einen konkreten Aspekt der Wirklichkeit herausarbeitet
und formal erfasst.

Wenn ein Modell gut gewählt ist, sind die Fehler, die wir in der Anwendung erhalten, weil wir gewisse Aspekte der Wirklichkeit ausgeblendet haben, hinreichend klein. So ist unser Diffusionsmodell zwar keine perfekte Beschreibung der Wirklichkeit, denn hierzu müssten wir im Labor einen Finanzmarkt erzeugen und kontrollieren, bei dem sichergestellt ist, dass der Preis durch eine Vielzahl unabhängiger kleiner Informationen getrieben wird. Wenn wir damit in die nicht kontrollierte Wirklichkeit gehen, werden wir immer einen gewissen Fehler machen. Für einfache Derivate auf liquiden Märkten, bei denen unsere Aktionen nicht den Preis beeinflussen (auch unsere Aktion ist nichts anderes als eine klitzekleine Information), erhalten wir hinreichend gute Ergebnisse. Man kann unsere Theorie dann erfolgreich anwenden, ohne allzu große Verluste durch die Mängel des Modells zu erleiden.[18]

Ein Problem tritt auf, wenn wir die Unsicherheit unserer Modellbildung vergessen. In der Praxis sieht dies dann so aus, dass ein mittelmäßig begabter, aber übermäßig profitorientierter Mensch blind an die Ergebnisse seiner Excel-Tabelle glaubt, die ihm eine trügerische Genauigkeit vorgaukelt, weil der Rechner scheinbar exakt einen Preis bis auf beliebig viele Nachkommastellen berechnet. Leider weiß der Händler nicht, dass schon die dritte Nachkommastelle aufgrund der Ungenauigkeit seines Modells nichts mehr wert ist. Wenn seine Gewinnerwartungen aber genau von dieser dritten Stelle abhängen, wird er leicht irren.

Wenn man wissenschaftlich korrekt und genau arbeitet, würde man versuchen, die Fehler der Modellbildung zu quantifizieren. Das mag schwierig erscheinen und ist es auch, unmöglich ist es aber nicht. Eine Möglichkeit besteht etwa darin, die Modelle an Hand vergangener Daten zu testen und mit statistischen Methoden abzuschätzen. Hierzu muss man aber unterstellen, dass auf den Finanzmärkten vergangene Daten ein gutes Modell für zukünftige Daten sind. Statistik funktioniert nur dann, wenn eine gewisse Gleichförmigkeit vorliegt (man spricht von Stationarität). In vielen Fällen ist es aber einfach falsch, Stationarität, also eine gewisse Ähnlichkeit der Zukunft mit der Vergangenheit zu unterstellen. Wir haben inzwischen hinreichend viele Beispiele für unliebsame Überraschungen erlebt, die uns eigentlich gezeigt haben sollten, dass man in gesellschaftlichen Modellen zumindest in Betracht ziehen sollte, dass keine Stationarität vorliegt.[19]

Auch wenn es mit den vorhandenen Daten nicht möglich ist, die Modellunsicherheit zu quantifizieren, kann man doch rational damit umgehen. Man muss sich eben der Grenzen der Berechenbarkeit bewusst sein und im Zweifel sichere Puffer einbauen. Es gibt hier, wie mir scheint, durchaus sinnvolle Ansätze, die zum Teil schon einige Zeit bekannt sind, aber in der Banken- und Händlerpraxis bislang nicht umgesetzt wurden. Die Idee ist hierbei, die Modelle *robust* gegen ihre eigene Unzulänglichkeit zu machen. Dies scheint mir der beste Weg zu sein, die Finanzmärkte dauerhaft zu beruhigen und Käufer wie Händler zu einem sinnvollen Umgang mit den Werkzeugen der Mathematik zurückzuführen. Wie dies geht, schauen wir uns genauer im siebten Kapitel an.

Die Grundidee ist hierbei recht einfach: Da wir uns der Modellannahmen nicht völlig sicher sein können – denn bei unserer Anwendung der Theorie auf echte Märkte handelt es sich weder um ein kontrolliertes Experiment noch können wir ausschließen, wesentliche Aspekte nicht modelliert zu haben – untersuchen wir, wie sich unsere geplante Aktion in einer ganzen *Klasse* von Modellen bewähren würde, die mehr oder weniger nah an unserem eigentlichen Modell liegen. Im Prinzip ist dies eine verfeinerte Form der vielen Managern bekannten Worst-Case-Analyse.

Grenzüberschreitung und Fehlentwicklungen: Finanzmathematik ohne Absicherung

Wir kennen nun die Grenzen der Finanzmathematik. Wir müssen uns sicher sein, dass der Preisprozess, mit dem wir zu tun haben, keine unvorhergesehenen Sprünge aufweist, sondern sich stetig, wenn auch zufällig bewegt. Die Derivate und Auszahlungen, die wir bewerten und absichern wollen, dürfen nur von Objekten abhängen, die direkt handelbar sind.

Außerhalb dieses Modells trifft unsere Theorie der perfekten Absicherung und des eindeutigen Preises nicht zu. Eine vernünftige Wissenschaft bleibt aber nicht einfach stehen, wenn sie auf ein Problem trifft.

Wenn man erkannt hat, dass man sich nicht *perfekt* absichern kann und keinen *eindeutigen* Preis für ein Derivat berechnen kann, sobald man unser Grundmodell verlässt, braucht man nicht zu verzagen und die Hände in den Schoß zu legen. Stattdessen stellt man die zumindest für Wissenschaftler natürliche nächste Frage: Welche *schwächeren* Formen der Absicherung sind denn noch möglich, und was können wir über *mögliche* Preise der Derivate sagen?

Hier stehen wir an einer wesentlichen Abzweigung, sowohl für Wissenschaftler wie für die Praxis. Sollen wir auf dem Weg der »neuen Versicherungsmathematik« weitergehen und auch in den nicht so schönen Fällen, die aber eben in der Realität auftauchen, unvollkommene, aber möglichst gute Absicherungsstrategien bestimmen? Oder wollen wir auf das Absichern verzichten und uns auf das Bestimmen von irgendwie vernünftigen Preisen beschränken?

Die Finanzwissenschaft ist inzwischen erwachsen genug und auch neugierig genug; beide Wege sind also beschritten worden. Wenn Sie mich bis hierhin einigermaßen verstanden haben und geneigt sind, mir weiter zu folgen, dann wissen Sie schon, welche Richtung ich für gut und welche für unglücksbringend halte. Und Sie ahnen auch, welche Richtung ein Großteil der eher ingenieurtechnisch gestimmten Literatur nahm.

In der Tat sind eine ganze Reihe guter und vernünftiger Absicherungsstrategien für unvollständige Märkte entwickelt worden. Diese bilden die Basis einer zukünftigen soliden Praxis von Banken, die sich wieder darauf besinnen, im Dienste ihrer Kunden zu handeln. Die mathematische Theorie hierzu ist ebenfalls sehr schön, nur die Gewinne sind nicht besonders lukrativ. Es ist eben harte Versicherungskärrnerarbeit, hiermit Geld zu verdienen.

Wir können am Beispiel des Digital Call zeigen, wie die ersten Schritte einer vernünftigen Finanzmathematik als Versicherungsmathematik aussehen. Da wir wissen, dass wir uns nicht mehr perfekt absichern können, fragen wir, was es denn kostet, »auf der sicheren Seite« zu bleiben.

Ob man auf der sicheren Seite ist, hängt davon ab, ob wir als Bank das Derivat verkauft oder gekauft haben. Wenn wir es verkauft haben, suchen wir ein Portefeuille, das in jedem Zustand *mindestens* die Auszahlung des Digital Call erzielt. Dies können wir zum Beispiel erreichen, indem wir 10 Euro zurücklegen; dies mag allerdings etwas teuer sein. Daher sollten wir versuchen, die billigste Absicherungsstrategie zu finden – einen so genannten Superhedge.

Ich werde Sie jetzt nicht mit der Berechnung dieses Superhedges behelligen, obwohl auch das nicht besonders schwer ist. In unserem Beispiel kommt einfach die alte Absicherungsstrategie für 5 Euro heraus, die wir in dem Atommodell berechnet haben. Diese sichert uns eben perfekt in den beiden Zuständen »up« und »down« ab, die wir ursprünglich betrachtet haben, und sie sichert uns mehr als erforderlich im neuen Sprungzustand ab, wie wir schon gesehen haben, weil wir dort 100 Euro »zu viel« hätten.

Wenn ich das Derivat selbst gekauft habe, kann ich mir umgekehrt überlegen, welches Portefeuille in jedem Zustand weniger als der Digital Call auszahlt. Ich nähere also das Derivat »von unten« an und kann versuchen, dies möglichst »teuer« zu machen. Ich frage mich also, wie viel Geld ich heute aus dem Digital Call schlagen kann, ohne je in Zahlungsverpflichtungen morgen zu kommen. In diesem Fall kann man sich überlegen, dass es am besten ist, den alten Up-Zustand zu ignorieren und sich perfekt gegen den Sprungzustand und den Down-Zustand abzusichern. Dieselbe Rechnung wie im letzten Kapitel liefert Ihnen dann ein Portefeuille aus einer Zehntel Aktie und minus 9,50 Euro, welches einen Wert von 50 Cent hat. Sie können sich also für 5 Euro perfekt gegen das Derivat versichern und umgekehrt, wenn Sie das Derivat besitzen, 50 Cent aus ihm herausschlagen, ohne ein Risiko zu gehen. Diese beiden Zahlen werden uns jetzt gleich noch beschäftigen.

Diese Art von Versicherungsmathematik ist solide und vernünftig und man kann sie noch um einiges verfeinern. Da wir uns aber auf die Fehlentwicklungen konzentrieren wollen, gehe ich mit Ihnen nicht diese gute Abzweigung, sondern stürze mich, wie es die Banken auch getan haben, mit Verve auf die andere Richtung. Denn immer mehr setzte sich zuerst in der wissenschaftlichen Literatur und später in der Praxis eine fatale Tendenz durch. In unserem Grundmodell gibt es nur einen möglichen Preis für ein Derivat. Wenn jemand einen anderen Preis setzen sollte, gibt die Theorie zugleich auch eine Strategie an, mit der man ohne Risiko Geld verdienen kann: eine Arbitrage.

In den komplexeren unvollständigen Modellen ist der Preis nicht mehr eindeutig bestimmt. Ich kann mir aber überlegen, welche Preise überhaupt möglich sind, ohne das Gesetz der Arbitragefreiheit zu verletzen. Um in unserem Beispiel zu bleiben: Wenn ich als Bank ein Derivat wie unseren Digital Call *verschenke*, also für den Preis von Null verkaufe, habe ich offensichtlich etwas falsch gemacht. Jeder Käufer des Digital Call macht Gewinn, denn im schlechtesten Fall erhält er 0 und in den anderen Fällen 10 Euro. Für Derivate ist der Preis von 0 Euro also kein möglicher Preis, was Sie natürlich schon vorher wussten.

Wir können diese Überlegung aber nun weitertreiben und versuchen, die möglichen Preise auf ein Intervall einzugrenzen. Sehr kleine Preise nahe 0 Euro werden ebenfalls zu Arbitragegewinne für die Gegenseite führen, sehr hohe Preise werden eine Arbitrage für die Bank darstellen. Bei unserem Digital Call etwa ist ein Preis von 10 Euro eine natürliche Grenze: Kein vernünftiger Mensch wird 10 Euro für einen Vertrag bezahlen, bei dem er im besten Fall 10 Euro bekommt oder weniger.[20] Wir können also erwarten, dass es nicht mehr genau einen Preis, aber mögliche Schranken für vernünftige Preise gibt: einen kleinsten Preis und einen größten, der mit Arbitrage konsistent ist. Den größten Preis könnten wir nehmen, wenn wir verkaufen, und den kleinsten, wenn wir kaufen.

Nun werden manche Leser sagen, dass dies doch aus der Praxis bekannt ist: Kauf- und Verkaufspreis weisen immer eine gewisse Spanne auf, und es scheint, als hätte unsere Theorie diese simple wirtschaftliche Tatsache wiederentdeckt. Aber Vorsicht: Unsere Spanne ist nicht so klein, wie man dies von den »Bid-Ask-Spreads«, also den Unterschieden zwischen Kauf- und Verkaufspreis her kennt, wo sich die Unterschiede im Prozent- oder Promillebereich bewegen.

Selbst in unserem Beispiel des Digital Call, bei dem ich den Sprungzustand für die Aktie eingeführt habe, liegen die möglichen Preise für den Digital Call zwischen 50 Cent und 5 Euro! Moment, sagen Sie richtigerweise, sind das nicht die Zahlen, die wir aus der »guten« Finanzmathematik kennen? In der Tat: 50 Cent und 5 Euro sind die Versicherungspreise für beide Seiten des Digital Calls. Wenn jemand mehr als 5 Euro bezahlt, dann machen Sie einen risikolosen Gewinn, indem sie verkaufen und sich für 5 Euro perfekt absichern. Wenn jemand für weniger als 50 Cent verkauft, dann kaufen Sie und schlagen 50 Cent heraus, mit einem sicheren Gewinn.

Bei allen anderen Preisen zwischen 50 Cent und 5 Euro sind solche sicheren Geschäfte nicht mehr möglich. Wenn wir also im Bereich der eigentlichen Finanzmathematik, also der Wissenschaft der perfekten Absicherung, bleiben wollten, müssten die Banken mit einer extrem breiten Spanne von 50 Cent bis 5 Euro zwischen Kauf- und Verkaufspreis arbeiten. Sie werden in den Finanzzeitungen aber nur höchst selten ein Produkt finden, bei dem die Spanne tausend Prozent beträgt. Wie man sich denken kann, ist eine solche Theorie, wenn auch mathematisch korrekt, nicht sehr attraktiv für den Händler.

Es kommt aber noch schlimmer: In den meisten realistischen Modellen, die Sprünge aufweisen oder eine Komponente beinhalten, die man nicht handeln kann, wie zum Beispiel Zinsen oder Kreditausfälle, gibt die Mathematik uns eine ganz klare, kühle und ernüchternde Antwort, wie sie extremer nicht sein könnte. Für unseren Digital Call lautet sie etwa: *Jeder* Preis zwischen 0 und 10 Euro ist möglich. Und auf die Gefahr hin, dass Sie diesen kurzen Satz überlesen, wiederhole ich ihn noch einmal: Jeder Preis zwischen 0 und 10 Euro ist möglich.

Das gibt es doch nicht, möchte man ausrufen! Dass man mehr als 0 zahlen muss, aber niemals mehr als 10 Euro zahlen sollte, hatten wir uns doch schon selbst und ganz ohne Mathematik klar gemacht.

So ist es aber nun einmal: Auf unvollständigen Märkten kann das Prinzip der Arbitragefreiheit die möglichen Preise nicht sinnvoll eingrenzen. Peng. Das ist das Ende für unseren hoch riskanten Weg; wir haben wohl die falsche Abzweigung gewählt, wie es des Öfteren mal geschieht. Wissenschaft ist eben auch ein riskantes Unterfangen, und man kann mit einem Forschungsprogramm scheitern. Das könnte man denken, doch das war weder die Schlussfolgerung der Wissenschaft noch der Märkte.

Wir kommen nun, wenn Sie so wollen, zum Sündenfall. Mehr und mehr setzte sich folgender Ansatz in der Finanzmathematik durch: Es ist uns egal, dass das Intervall so groß ist. Wir nehmen einfach irgendeinen Preis, der möglich ist, eher so aus der Mitte des Intervalls, nach dem Motto: Wird schon schiefgehen. Und wenn Sie mir den Spaß einmal gestatten an dieser Stelle: Ist ja auch schiefgegangen.

Ganz so naiv wird man sich dann wohl doch nicht anstellen, sondern mehr oder weniger vernünftige Ansätze zu entwickeln versuchen, mit denen sich einer der Preise aus der ganzen Bandbreite möglicher Preise hervorheben lässt. Wir müssen uns aber stets vor Augen halten, dass wir nun die eigentliche Finanzmathematik verlassen. Wir sind an eine Grenze gestoßen, die uns die Mathematik mit der ihr eigenen Klarheit vorgibt: Bis hier und nicht weiter, hat sie uns zugerufen, oder es wird riskant, in jeglicher Hinsicht.

Nichts hindert uns daran, den riskanten Weg weiterzugehen, natürlich. Und in gewisser Hinsicht ist es ja gerade eine der wesentlichen Aufgaben einer Bank, mit Risiken zu handeln und mit ihnen umzugehen. Aber ehrlicherweise sollte man dann sagen, dass wir wieder im klassischen Bankengeschäft angekommen sind: Risiken müssen nun mit anderen Methoden eingeschätzt und kontrolliert werden.

Eine beliebte Methode, einen der möglichen Preise auszuwählen, besteht im *Kalibrieren* des Modells. Die Vielfalt der möglichen Preise ergibt sich aus der Tatsache, dass die Unvollständigkeit des Marktes nicht in der Lage ist, alle Parameter eindeutig festzulegen. Wir haben also unbekannte Größen in unserem Modell. Wie sonst auch liegt es also nahe, diese Parameter irgendwie zu schätzen. Dies ist jetzt aber nicht mehr Finanzmathematik im eigentlichen Sinne! Das ursprüngliche Programm und die natürlichen Grenzen der Finanzmathematik liegen im Bestimmen von Preisen und Absicherungsstrategien für zukünftige Risiken.

Das Kalibrieren der Modelle funktioniert auf folgende Weise: Wir schauen uns die Preise von Digital Calls in der Vergangenheit an und schauen, welcher der möglichen Preise zwischen 50 Cent und 5 Euro am besten mit diesen Daten zusammenpasst. Im Prinzip haben wir nun die Richtung unserer Wissenschaft umgekehrt: Zunächst nahmen wir die Preise der Aktien sowie die zukünftigen Risiken als gegeben an und wollten dann einen Preis für das Risiko ausrechnen. Nun klappt dies nicht mehr, also lassen wir uns von den Daten der Vergangenheit helfen. Wir haben unbekannte Parameter im Modell und hoffen, dass die empirischen Daten uns helfen, diese Parameter zu schätzen. Mit diesen geschätzten Parametern arbeiten wir dann weiter, um einen Preis für zukünftige Risiken zu berechnen.

Meiner Erfahrung nach gibt es zwei Gruppen von Menschen: Die einen finden dies sofort zutiefst fragwürdig und vertrauen diesem Ansatz nicht; die anderen zucken die Achseln und sagen, das sollte doch gehen!

Das Kalibrieren ist erst mit der wachsenden Rechenmacht der Computer zur gängigen Praxis geworden; in früheren Zeiten wäre es sehr mühsam gewesen, die damit zusammenhängenden Optimierungsprobleme per Hand zu lösen. Mit den heutigen Rechnern ist das aber zu einer recht schnellen Angelegenheit geworden, obwohl auch hier manchmal Tage vergehen können, bevor man ein komplexes Modell mit vielen unbekannten Parametern an eine große Menge vergangener Daten angepasst hat.

Diese Methode ist in allen empirisch arbeitenden Wissenschaften sehr beliebt, steht aber auf wackligem Fundament. Es ist hier weder mein Ziel noch meine Aufgabe, in eine wissenschaftstheoretische Diskussion einzusteigen. Aber wir müssen uns trotzdem fragen, welche Annahmen man eigentlich macht, wenn man kalibriert.

Meist unterstellt man, dass der »Markt« in der Vergangenheit stets den richtigen Preis herausgesucht hat. Wir unterstellen ferner, dass er auch in Zukunft *nach demselben Gesetz* wieder einen Preis für unser Derivat bestimmen wird. Dies rechtfertigt die Verwendung des aus der Vergangenheit geschätzten Preises. Lassen Sie den letzten Ansatz einmal ein wenig auf sich wirken: Hier ist eigentlich ein guter Augenblick für eine Pause gekommen, wie immer diese bei Ihnen aussehen mag. Legen Sie das Buch fort und holen Sie sich einen Kaffee. Bleiben Sie aber gedanklich bei mir; jetzt E-Mails nachzusehen wäre ein Fehler.

Wieder zurück? Wie sieht Ihre Gedankenwelt aus? Zu welchem Typ gehören Sie? Irgendetwas an der Methode stinkt, nicht wahr, aber andererseits ist sie auch nicht völlig unplausibel. Um zu verstehen, wann sie funktionieren könnte, schauen wir uns ein Beispiel aus einer anderen Wissenschaft an, und zwar der Botanik:

Angenommen, Sie wollen das Wachstum von Sonnenblumen verstehen. Sie haben auch ein gewisses Modell dafür, doch es fehlen Ihnen ein paar Parameter. Sie haben aber Daten über Sonnenblumen aus mehreren hundert Jahren; damit können Sie Ihr Modell an diese Daten anpassen und die fehlenden Parameter schätzen. Das können Sie nutzen, um das Wachstum der Sonnenblumen im nächsten Jahr vorherzusagen – was normalerweise funktionieren wird. Hier sind nämlich zwei wesentliche Grundbedingungen erfüllt, die ein Kalibrieren möglich machen: Wir können uns hinreichend sicher sein, dass die Sonnenblumen nach gewissen *Gesetzen* wachsen und dass sich diese Gesetze nicht plötzlich ändern.

Aber auch hier kann man Fehler machen, wenn man sich der Grenzen der Methode nicht bewusst ist. Wann könnte es denn schiefgehen? Na ja, wenn Sie beispielsweise die Daten für Niedersachsen kalibrieren, aber das Modell auf Griechenland anwenden, wird es vielleicht nicht klappen, weil die Sonnenblumen dort eben unter ganz anderen äußeren Bedingungen wachsen. Es kommt eben auf die Naturgesetze und die äußeren Bedingungen an.

Das Kalibrieren eines Modells ist nur in stabilen äußeren Bedingungen, die nach ein und derselben Gesetzmäßigkeit arbeiten, sinnvoll.

Und nun zurück zum Finanzmarkt. Wenn wir die eigentliche Finanzmathematik, die unabhängig von den ökonomischen Grundgesetzen funktioniert, verlassen, betreten wir wieder das Gebiet eben dieser ökonomischen Gesetze. Preise bilden sich demgemäß durch Angebot und Nachfrage. Angebot und Nachfrage werden durch die Bedürfnisse, Risiken und Informationen der Investoren bestimmt. Wir können also unterstellen, dass es Gesetze des Marktes gibt, die die Preise in der Vergangenheit bestimmt haben. Aber: Waren die Investoren stets dieselben? Doch wohl nicht? Und wenn: Waren ihre Bedürfnisse über die Jahre gleich? Schon schwerer zu glauben. Und wenn: Waren sie stets denselben Arten von Risiken ausgesetzt? Mit Sicherheit nicht. Und wenn: Lag immer dieselbe Art von Information vor? Wenn Sie jetzt immer noch an das Kalibrieren finanzieller Modelle glauben, qualifizieren Sie sich für Positionen in der Gesellschaft, die bedingungslosen Glauben voraussetzen.

Wissenschaftlich gerechtfertigt ist diese Kombination aus Finanzmathematik und angewandter Statistik nicht. Hieraus ergibt sich eine sehr wichtige Folgerung für die zukünftige Regulierung der Märkte: Wir dürfen nicht länger solche Methoden als solide Basis eines Risikomanagements ansehen. Stattdessen müssen wir die Banken zwingen, in voller Transparenz die gesamte Bandbreite der Preisrisiken, die sich aus der eigentlichen Finanzmathematik ergibt, offenzulegen.

Im Moment ist es so, dass eine Bank im Beispiel unseres Digital Call sagen darf: Nach den anerkannten Regeln des Risikomanagements handeln wir mit einem Preis von 2 Euro für den Digital Call; das Value at Risk, das sich hieraus ergibt, bewegt sich im vorgegebenen Rahmen. Wenn aber ein Preis von 2 Euro statistisch wahrscheinlich, aber eine Spannbreite von 50 Cent bis 5 Euro theoretisch möglich ist, sehen Sie schon, welches Ausmaß an Risiken von solchen Praktiken unterschlagen wird.

FÜNFTES KAPITEL

Missbrauchte Finanzmathematik: die Gier der Banken und das Ende der Urteilskraft

Wir haben nun gesehen, wie eine falsche Regulierung in Zusammenhang mit den Erkenntnissen der Finanzmathematik die großen Anreize und Möglichkeiten erst geschaffen hat, die das Anschwellen dieser riesigen Blase möglich machten, deren Platzen eine »Krise« nach der anderen über uns brachte: über eine Immobilienkrise, eine Wirtschaftskrise und eine Schuldenkrise bis zur Währungskrise. Nur den eigentlichen Auslöser hat bislang niemand verstanden. Es handelt sich weder um Kasinokapitalismus noch um übermäßige Deregulierung[21], sondern um eine falsche Regulierung in Kombination mit einem besseren Verständnis der atomaren Struktur von Risiken. Eine solche Kombination ist oft ein unglückliches Zwischenwesen: Auf ganz freien Märkten gäbe es keine Regulierung, die man zu eigenen Zwecken manipulieren kann, auf völlig durchregulierten Märkten wären die Fesseln so groß, dass niemand große Wetten abschließen könnte oder wollte.

Nach der fehlerhaften Regulierung und der Finanzmathematik wenden wir uns in diesem Kapitel den Banken zu. Wir wollen es jedoch vermeiden, die alleinige Schuld für die Krise in *moralischen* Verfehlungen der Banker zu suchen. Im Großen und Ganzen sind Banker stets auch ein Teil der Gesellschaft und nur eine bestimmte Form des ganz normalen und typischen Menschen ihrer Zeit. Dem Schillerschen Ideal von Anmut und Würde werden sie zu keiner Zeit entsprochen haben. Wichtiger scheint es mir, die institutionellen Strukturen zu verstehen, die eine bestimmte gesellschaftlich unerwünschte Form des wirtschaftlichen Handelns besonders begünstigen.

Hierzu müssen wir untersuchen, was die jetzige Krise von anderen früheren unterscheidet. Einer der großen Bestseller zur Krise zeigt, dass finanzielle Krisen zu allen Zeiten ähnliche Strukturen aufweisen.[22] Mir liegt es fern, diese eventuell typisch menschlichen Strukturen leugnen zu wollen. Für den Historiker ist es wichtig, analoge Strukturen zu verschiedenen Zeiten zu erkennen. Zugleich gilt doch auch für jede Zeit und für jede Krise, dass sie aus der Nähe betrachtet anders ist als vorangegangene Zeiten und Krisen. Es ist auch typisch, dass sich eine große Krise nicht exakt in derselben Form wiederholt. Die großen Diktaturen aller Zeiten ähneln sich in vielerlei Hinsicht; oft sind es aber die Unterschiede zur Vergangenheit, die man verstehen muss, wenn man sie überwinden will.

Neu an der gegenwärtigen Lage ist das Wissen, das die Finanzmathematik mit sich gebracht hat. Die Möglichkeiten und eventuell auch die Missverständnisse, die sich aus ihr ergeben, haben die Bankenwelt verändert und die Entwicklung unmoralisch erscheinender, menschlich und wirtschaftlich aber durchaus verständlicher Triebe befördert.

Ich werde jetzt den engeren Rahmen der eigentlichen Finanzmathematik und des Handels mit Derivaten verlassen und gewissermaßen aus etwas weiterer Entfernung einen Blick auf die Gefahren werfen, die sich mit dem neuen Wissen ergeben. Die beiden wesentlichen Stichworte dieses Kapitels sind *Marktmacht* und *Kulturverlust*.

Ein riesiges, aber leider wissenschaftlich noch nicht ausreichend erforschtes Problem entsteht, wenn Finanzmathematik auf Marktmacht trifft. Unter Marktmacht verstehe ich die Möglichkeit einzelner Akteure, Preise direkt zu beeinflussen. Unter idealen Bedingungen des Wettbewerbs entstehen die Preise durch Angebot und Nachfrage, und weder Verkäufer noch Käufer können direkt den Preis in eine ihnen genehme Richtung manipulieren. Wenn Sie beispielsweise zu Ihrem Lebensmittelhändler gehen, können Sie den Preis für Margarine nicht verhandeln. Anders sieht es natürlich für einen Monopolisten aus: Da er der einzige Anbieter ist, kann er den Preis allein bestimmen und wird dies auch tun. Marktmacht hat auch der einzige Nachfrager, der »Monopson«, auch wenn dieser Fall natürlich seltener vorkommt. Sollte einmal der Fall eintreten, dass Sie der einzige Interessent für Margarine bei Ihrem Händler sind, werden Sie das schöne Gefühl von Marktmacht selbst erleben dürfen. Marktmacht mögen Sie selbst auch bei Gehaltsverhandlungen erfahren haben: Wenn es viele Konkurrenten gibt, die Ihren Job ebenfalls erledigen können, erhalten Sie den durch freie Märkte vorgegebenen Lohn, der Ihrer Produktivität entspricht. Sobald Sie etwas beherrschen, was nur wenige so gut wie Sie tun können, haben Sie die Möglichkeit, mehr als den Marktlohn zu verdienen.

Wenn Sie nun an meine Beschreibung der Finanzmathematik zurückdenken, so waren dort die Preise der Aktie im morgigen Zustand zwar zufällig, aber gegeben. An keiner Stelle wurde davon gesprochen, dass die Bank Einfluss auf die zukünftigen Preise hat. In der Tat wird dies auf liquiden Märkten und für stark gehandelte Aktien im Allgemeinen der Fall beziehungsweise eine hinreichend gute Annäherung sein. Diese unausgesprochene Annahme, die einen gut funktionierenden Wettbewerb voraussetzt, haben wir bislang stillschweigend gemacht:

> Finanzmathematik setzt freien Wettbewerb
> ohne Marktmacht voraus.

Natürlich treffen wir in der Wirklichkeit oft auf Marktmacht. Zuweilen sind die Banken einfach zu groß, oder es ist aus anderen Gründen notwendig, sehr große Positionen aufzubauen, wie dies etwa im Bereich der Lebensversicherungen geschieht oder eben im Bereich der berühmt-berüchtigten Immobilienfinanzierer. Und ich spreche hier nicht von dem meiner Ansicht nach völlig überschätzten »too big to fail«, also den negativen Auswirkungen, die der Bankrott einer Bank auf die Realwirtschaft haben kann. Wer »too big to fail« ist, ist »too big anyway«, wenn Sie mir diesen Kauderwelsch einmal gestatten. Wir wissen ja schon lange, dass freie Märkte nur dann gut funktionieren, wenn es hinreichend Konkurrenz gibt; ansonsten werden Kunden und Umgebung ausgenutzt.

Im Zusammenhang mit der Finanzmathematik entstehen durch Marktmacht aber ganz neue Probleme, die theoretisch noch nicht gut untersucht sind. Es ist ein wenig so, als dürfte ein Physiker im Labor an den Naturkonstanten drehen: Dann könnte er natürlich ein wenig zaubern und ganz neue Phänomene hervorrufen. Für eine Bank, die Einfluss auf die Preise der zugrunde liegenden Aktien hat und zugleich Derivate auf diese Aktie handelt, ergeben sich enorme Gewinnmöglichkeiten, deren Reizen wohl kein Banker dieser Welt widerstehen kann.

Am deutlichsten wird das Problem, das sich aus Marktmacht und Finanzmathematik ergibt, am Beispiel des LIBOR-Skandals. Hier trifft ein Konstrukt aus den Zeiten des Gentleman-Bankings auf die Finanzmathematik. Sie werden sich wundern, dass es nicht schon viel früher zu Manipulationen kam, wenn man sich die strategischen Anreize dieser Situation anschaut. Hier haben die moralischen Grundsätze den Verlockungen des Geldes eigentlich viel länger standgehalten, als man glauben möchte.[23]

Finanzmathematik und falsche Regulierung sind bereits brandgefährlich. Marktmacht und Finanzmathematik zusammen führen direkt in die Katastrophe.

Darüber hinaus haben die neuen Möglichkeiten und Anreize aber eben auch einen Kulturverlust in den Banken befördert, der geradezu zu einer Umkehrung der Rollen führte. Klassischerweise sollte eine gute Bank ihre Kunden von finanziellen Risiken befreien und sie über mögliche Gefahren aufklären.

Dies hat sich aber nun in vielen Fällen ins Gegenteil verkehrt. Oft wurden und werden nun Produkte verkauft, bei denen der Kunde das Risiko trägt und die Bank eher auf der sicheren Seite verbleibt.

Ich zeige dies im zweiten Abschnitt dieses Kapitels am Beispiel einer Zinswette, die eine deutsche Landesbank an eine westfälische Kommune verkaufte. Es ist aber mehr als eine Provinzposse: Wetten solcher Art wurden überall auf der Welt gehandelt und machten Kämmerer zu Spekulanten. Auch große deutsche Banken wurden schon wegen solcher Verträge verklagt und verurteilt. Hier tragen natürlich beide Seiten Schuld – sowohl die verführende Bank wie die verführte Stadt, die auch einmal an den Segnungen des modernen Banking schnuppern wollte. Aus moralischer Sicht muss man wohl dem Verführer eine größere Verantwortung zuschreiben. Ich glaube aber, dass nicht unbedingt böse Absicht hinter diesen unglücklichen Verträgen steckte, sondern eher ein Missverständnis der Finanzmathematik auf Seiten der Banker selbst – was die Sache keineswegs besser macht.

Falsche wirtschaftliche Institutionen befördern den Verfall der guten Sitten, wenn ich das so moralisch ausdrücken darf. Achten Sie bitte auf die Kausalität der behaupteten Zusammenhänge: Es ist nicht die menschliche Gier, die als Ursache alles Bösen gesehen wird, sondern die von Menschen geschaffene Institution, die die falschen Verhaltensweisen der Akteure besonders fördert, ist der Grund des Übels.

Schließlich beschäftige ich mich noch kurz mit den Boni der Händler und den sich daraus ergebenden Risiken. Darüber wurde schon viel gesagt; ich weise aber auf ein ökonomisches Problem hin, das sich ergibt, wenn die Höhe der Boni in Bereiche vorstößt, die traditionell eher einem Lottogewinn denn einer Vergütung eines durchschnittlichen Bankangestellten entsprachen. Solche Boni befördern den Kulturverlust in den Banken, weil es die »Zielfunktion« der Händler in falscher

Weise beeinflusst und manipuliert: Wer nur noch an seinen
Bonus denkt, hat eine ähnliche Zielfunktion, wie sie durch
Value at Risk unterstützt wird; hier verstärkt das Entlohnungs-
schema noch einmal die falschen Anreize durch die Regulierung.

Marktmacht: der LIBOR-Skandal

Einer der letzten Sargnägel für den guten Ruf der Banken ist
wohl der LIBOR-Skandal. Die London Interbank Offered
Rate, kurz LIBOR, soll einen Anhalt geben, zu welchem Satz
sich die großen Banken in der Londoner City kurzfristig Geld
leihen. Diese Zahl bildet einen der wesentlichen Referenzzins-
sätze für Kreditgeschäfte auf der ganzen Welt. Die Idee ist,
dass der Kurzfristsatz, den sich die Banken untereinander geben, den kleinsten Zins beschreibt, zu dem man sich risikolos
kurzfristig Geld leihen kann.[24] Viele andere Geschäfte orientieren sich an diesem Satz, in dem sie in ihren Konditionen einen Zins von LIBOR + X festlegen, wobei das X sich am Risiko
und der Laufzeit des jeweiligen Vertrages orientiert.

Für die Märkte ist es von entscheidender Bedeutung, dass sie
dem LIBOR vertrauen können. Man würde ihn kaum als Referenzsatz für Kreditverträge benutzen, wenn man wüsste, dass
er vom Belieben einer britischen oder deutschen Bank abhinge,
die ihn stets auf den für sie günstigsten Wert setzte. Zur moralischen Empörung der ganzen Welt ist aber genau dies geschehen. Der Stein kam ins Rollen, als eine große britische Bank in
einem Vergleichsverfahren mit der Regulierungsbehörde zu-
gab, den LIBOR manipuliert zu haben und großzügig ver-
sprach, zur weiteren Aufklärung beizutragen. Damit ist der
LIBOR als Referenzzinssatz tot.

Während ich die moralische Empörung verstehe, so ist es doch aus strategischer Sicht völlig klar, dass eine solche Manipulation früher oder später geschehen musste. Beim LIBOR trifft nämlich eine Einrichtung aus den Gentleman-Zeiten des Bankenwesens auf die moderne Welt der Finanzmathematik. Die alte Einrichtung, so stellte sich aber schnell heraus, lässt sich leicht für eigene Zwecke austricksen und ist somit keine gute wirtschaftliche Institution. Anders als bei Value at Risk handelt es sich nicht um eine schlechte Regulierung, sondern um eine traditionelle *Institution*, die durch die neuen Erkenntnisse manipulierbar wurde.

Alle Märkte benötigen bestimmte Rahmenbedingungen, die üblicherweise vom Staat gesetzt und garantiert werden. So lassen sich etwa freie Märkte nicht ohne einen vernünftigen und durch Gesetze garantierten Eigentumsbegriff organisieren. Idealerweise fördern solche Institutionen den Handel, ohne allzu große Einschränkungen auszuüben.

Gefährlich wird es jedoch, wenn eine Institution Marktmacht für einige große Wirtschaftsakteure erzeugt. Beim LIBOR war das wohl weder den Banken noch den Gesetzgebern bewusst, als er gesetzlich verankert wurde. In Kombination mit den neuen Erkenntnissen ist diese Institution jedoch nicht stabil, da der Anreiz zur Manipulation einfach zu groß ist, um auf Dauer ethischen Standards standzuhalten. Das zeigt, dass wir den Finanzmarkt nach robusten Regeln organisieren müssen, bei denen wir nicht Marktmacht und Anreize zur Manipulation erzeugen. Aber der Reihe nach.

Das erste Geschäft, das gemäß dem damals noch nicht so genannten LIBOR abgewickelt wurde, geht auf die Zeit vor der Finanzmathematik zurück.[25] Damals musste eine Gruppe amerikanischer Banken relativ schnell einen vernünftigen Zinssatz für einen Kredit an den (damals ja noch vom Schah regierten) Iran über 80 Millionen Dollar finden. Ein gewisser Mr. Zombanakis, der bei der Bank Manufacturers Hanover beschäftigt war, hatte laut eigenen Worten die spontane Idee, einfach alle involvierten Banken anzurufen und sie nach ihren »cost of money at 11 am« zu fragen.[26] Er bildete daraus einen Mittelwert und hatte sicherlich eine gute Schätzung für seinen Zinssatz; in der damaligen Situation können wir davon ausgehen, dass keiner seiner Geschäftsfreunde groß darüber nachdachte, ob er lügen sollte oder nicht.

Diese Praxis wurde über die Jahre hindurch weiterverfolgt, und seit den achtziger Jahren, als mit der Entwicklung der Zinsderivate ein vernünftiger Referenzsatz immer dringender gebraucht wurde, ermittelt die British Bankers' Association die offiziellen LIBOR-Sätze. Zurzeit werden achtzehn Banken, zu denen auf deutscher Seite die Deutsche Bank gehört, jeweils kurz vor 11 Uhr gefragt, zu welchen Zinssätzen sie sich Geld »für vernünftige Beträge« (also nicht allzu große Summen) auf dem Interbankenmarkt leihen könnten. Die vier größten und kleinsten Werte werden gestrichen, und aus den verbleibenden zehn wird der Mittelwert bestimmt.

Der LIBOR bildet inzwischen die Basis für eine große Anzahl von Kredit- und Absicherungsgeschäften auf der Welt: Termingeschäfte, sogenannte Zinstauschgeschäfte (Swaps), Wetten auf solche Tauschgeschäfte (Swaptions) und viele Zinssicherungsgeschäfte hängen vom LIBOR ab. Der genaue Wert der Verträge, die vom LIBOR abhängen, variiert natürlich, liegt aber im Bereich mehrerer Hundert Billionen Euro.

Es liegt auf der Hand, warum der LIBOR anfangs funktionierte und heutzutage – wir wollen nicht wissen, wie lange schon – manipuliert wird. Bei seiner Erfindung rief ein gut bekannter Banker bei seinen Freunden an, die gemeinsam für die amerikanische Regierung ein Kreditgeschäft mit einem befreundeten Land abwickelten. Er erklärte, warum er die Information benötigte. Aus Sicht seiner Gesprächspartner gab es in diesem Falle ein gemeinsames Ziel, und es bestand kein Grund zu Misstrauen. Ferner, so vermute ich, herrschte eine gewisse partnerschaftliche Club-Atmosphäre, in der es zum guten Ton gehörte, seinem Geschäftspartner den richtigen Wert zu nennen. Um den Erfinder des LIBOR noch einmal zu zitieren: »In my time there was an ethic and you assumed that everyone was a gentleman.«[27] Und es ist eben wichtig, dass man nicht nur annahm (»assumed«), dass die Partner »Gentlemen« waren und die Wahrheit sagten, sondern dass es auch stimmte.

In einer kleinen Runde von einander gut bekannten Geschäftsleuten ist es meist möglich, einen solchen Gentlemen-Konsens stabil zu organisieren, ohne dass wir davon ausgehen müssen, dass alle Beteiligten hohe ethische Standards erfüllten, wie Herr Zombanakis hier andeutet. Wenn man vielfältig miteinander wirtschaftlich verflochten ist und eventuell auch privat gemeinsame Interessen hat, gibt es genügend Möglichkeiten, Abweichungen vom erwarteten Verhalten zu bestrafen – sei es durch Reputationsverlust, der irgendwann auch geschäftliche Verluste bedeutet, oder durch andere gesellschaftliche Strafen wie dem Verlust gewisser privater Vergünstigungen. Die Drohung, nicht mehr zum »Club« zu gehören, spielt in vielen gesellschaftlichen Bereichen eine Rolle. Auch die Wissenschaft ist durchaus in solchen (informellen) »Clubs« organisiert.

Nun gehen wir in die Moderne und schauen uns eine E-Mail eines Händlers einer bedeutenden britischen Bank an seinen Freund in der Abteilung, die den Zinswert an die British Bankers Association übermittelt, an:[28]

»Hi Guys, We got a big position in 3 m libor for the next 3 days. Can we please keep the libor fixing at 5.39 for the next few days. It would really help. We do not want it to fix any higher than that. Tks a lot.«

Der Händler hat schwere Sorgen wegen einer großen Zahlungsverpflichtung, die vom LIBOR-Satz für Kredite mit drei Monaten Laufzeit (»3 m libor«) abhängt. Er bittet seine Kollegen, diesen Satz unbedingt bei 5,39 Prozent festzuhalten. In einer ebenfalls bekannt gewordenen E-Mail bedankt sich ein (anderer) Händler für die Hilfe und verspricht einen schönen Abend inklusive eines guten Champagners ...

Wir können uns nun aufregen, dass die »Chinesische Mauer«, die es laut den Statuten der British Bankers' Association in den Banken zwischen den Händlern und den Berichterstattern geben sollte, offensichtlich nicht bestand. Dies ist auch sicherlich der juristische Ansatz und wird zu den entsprechenden Verurteilungen oder »freiwilligen« Strafzahlungen führen. Wir können aber die ganze Situation auch einmal als Spiel betrachten.

Versetzen wir uns also in die Rolle einer Bank, die große Positionen in Zinsderivaten hält, welche wiederum vom LIBOR abhängen. Diese Position ist ihre private Information; weder die Regulierungsbehörde noch die konkurrierenden Banken wissen darüber Bescheid. Es handelt sich sozusagen um unser Blatt, wenn wir die Sprache der Kartenspiele verwenden wollen. Ferner halten wir eine weitere Spielkarte in der Hand, auf der »unser« Zinssatz steht – also der Satz, zu dem wir uns Geld besorgen können bei anderen Banken. Dieser sei 6 Prozent. Um es etwas dramatischer zu machen, stellen wir uns vor, dass wir das Spiel oder den Job verlieren, Bankrott gehen oder auf das Haus in Südfrankreich verzichten müssen, wenn der morgige LIBOR über in obiger E-Mail angesprochenen 5,39 Prozent liegt. Würden Sie wahrheitsgemäß einen Wert von 6 Prozent berichten?

Wenn Ihre Antwort Ja lautet, gratuliere ich Ihnen zu Ihren hohen ethischen Standards. Allerdings muss ich Ihnen auch sagen, dass Sie ein schlechter Spieler sind, denn Sie haben nicht die beste Strategie gewählt. Nun ist es in einem solchen Spiel mit mehreren Akteuren gar nicht so leicht, die »beste« Strategie zu finden. Es gibt ja auch gar nicht die eindeutige beste Strategie, da das Ergebnis von den berichteten Werten der anderen Spieler abhängt. Wir haben es hier eben mit einer typischen strategischen Situation zu tun. Sie müssen sich überlegen, welche Zahlen die anderen Banken wohl nennen und dann darauf Ihre Nennung anpassen. Idealerweise spielen Sie also, in der Sprache der Spieltheorie, eine »beste Antwort« auf das Verhalten Ihrer Gegner.

Die Spieltheorie ist, trotz ihres kindisch klingenden Namens, ein weiterer großer Erfolg der Mathematik in den Wirtschaftswissenschaften. Entworfen durch das Jahrhundert-Genie John von Neumann und wesentlich befördert durch den (durch einen Film verewigten) John Nash sowie den einzigen deutschen Nobelpreisträger für Wirtschaftswissenschaften Reinhard Selten, der einer meiner Vorgänger am Institut für Mathematische Wirtschaftsforschung in Bielefeld war, untersucht sie mit mathematischen Methoden strategische Konflikte.[29]

Was sagt uns eine spieltheoretische Analyse im vorliegenden Fall? Sie müssen die anderen Spieler nicht perfekt einschätzen können; es reicht eigentlich schon, zu überlegen, was auf keinen Fall in Ihrem Interesse ist. Einen Wert von mehr als 5,4 Prozent zu berichten, kann nicht gut für Sie sein, denn Sie wollen ja einen Wert von 5,39 Prozent erreichen.

Lassen Sie uns hierzu überlegen, wie der LIBOR gebildet wird. Wenn der Wert, den Sie angeben, zu den höchsten angegebenen Zahlen gehört, wird er gestrichen. In diesem Falle beeinflusst Ihre Mitteilung den LIBOR nicht. Wenn dann ein Wert unter 5,39 herauskommt, ist es für Sie gut gelaufen. Wenn zum Beispiel *alle* anderen Banken einen Wert von 5 angeben, dann liegt der LIBOR ohnehin bei 5, und alles ist für Sie in Ordnung. Aber dies ist nicht der Fall, der Ihnen Sorgen bereitet. Es kann nämlich auch sein, dass der Mittelwert der in die Berechnung einbezogenen Banken über Ihrer kritischen Marke liegt; dann wäre es doch besser, einen niedrigeren Wert anzugeben und den LIBOR nach unten zu beeinflussen. Damit ist klar, dass es *gegen* das Interesse der Bank ist, in diesem Fall die Wahrheit zu sagen. Hier trifft also Eigeninteresse auf moralische Verpflichtung, und ich finde es natürlich, dass auf lange Sicht das Eigeninteresse die Oberhand behält. Es kann der Frömmste nicht in Frieden leben, wenn ihm die schöne Nachbarin gefällt, hieß es schon in den Schlagern meiner Kindheit.

Übrigens ist das Spiel durchaus nicht leicht zu spielen. Sie können schließlich keinen unrealistischen Wert von 0 Prozent berichten, wenn das allgemeine Zinsniveau um die 6 Prozent liegt, weil dieser mit Sicherheit bei der Ermittlung des LIBOR gestrichen würde. Außerdem würde die Bankenaufsicht misstrauisch werden, wenn Sie völlig unrealistische Zahlen angäben, die Sie im Nachhinein nicht rechtfertigen können – Sie wollen ja auch nicht auffallen. Sie können das selbst einmal ausprobieren: Beim ersten Mal ist dieses Spiel recht schwer zu spielen. Doch Sie dürfen nicht vergessen, dass die Banken Tag für Tag einen neuen Zins berichten. In der Sprache der Spieltheorie handelt es sich hier also um ein beliebig oft wiederholtes Spiel. Es stellt sich wie immer ein gewisser Lerneffekt ein, und die einzelnen Berichterstatter gewinnen eine Intuition für mögliche Ergebnisse des Spiels.

Aus strategischer Sicht kommt noch etwas anderes hinzu: Wenn man sehr oft hintereinander mit denselben Akteuren spielt, kann man eine Reputation aufbauen, gewisse Signale ausprobieren oder Drohungen testen. In wiederholten Spielen ist es oftmals möglich, implizite Absprachen und Konventionen auf diese Art und Weise durchzusetzen. Die oben zitierte E-Mail suggeriert ja, dass die involvierte britische Bank einen größeren Einfluss auf den LIBOR hatte, als man eigentlich vermuten würde, wenn sie lediglich nur einer von achtzehn gleichen Spielern wäre. In der Tat kann man auf diese Art und Weise auch Kartelle organisieren, bei denen sich mehrere starke Banken (explizit oder implizit) auf einen bestimmten Wert für den LIBOR einigen.

Aus strategischer (spieltheoretischer) Sicht ist es
offensichtlich, dass die Banken nicht die Wahrheit
sagen sollten, wenn sie in eigenem Interesse handeln.
Der LIBOR-Mechanismus ist eine schlechte
wirtschaftliche Institution.

Sie ist allerdings noch schlechter, als wir bislang verstanden haben, wenn wir einen Schritt weiterdenken. Bisher sind wir ja davon ausgegangen, dass die Position der Banken gegeben war und dass der Händler beim Berichterstatter anruft, damit dieser einen möglichst günstigen Wert übermittelt. Wenn die beiden aber ohnehin kommunizieren, können wir mit Hilfe der Finanzmathematik die Geschichte umkehren: Der Berichterstatter meldet uns die möglichen Werte, die er für den morgigen LIBOR »einstellen« kann, und wir schauen, welche Derivate wir erstellen und verkaufen können, um den höchstmöglichen Gewinn einzustreichen.

In unserem kleinen Basismodell ist es also so, als bestimmten Sie den Wert selbst, um den die Aktie im oberen Zustand steigt. Wir hatten angenommen, dass dieser Wert 105 Euro beträgt und unveränderlich so war, und wir nehmen an, dass Sie bislang Ihre Portefeuillestrategien mit diesem Wert errechnet haben. Nun hat Ihnen Ihr Freund aber mitgeteilt, dass er beliebige Werte zwischen 105 und 120 Euro erzwingen kann. Sie schauen sich dann an, bei welchen Werten neben der perfekten Absicherung, die Sie ja schon hatten, ein hübscher Gewinn für Sie abfällt, und teilen Ihrem Freund den gewünschten Wert mit. Die Finanzmathematik wird hier pervertiert: Statt eine optimale Versicherung auszurechnen, kann man sie auch benutzen, um in einem Modell, das man selbst manipulieren kann, den maximalen Gewinn herauszuziehen. Diese Praxis ist, während ich dieses Buch schreibe, noch nicht dokumentiert. Im Lichte unserer bisherigen Analyse ist sie jedoch nahelie-

gend, und ich würde mich wundern, wenn ich der Einzige
wäre, der diese Möglichkeit sieht.

Hier kommen wir also von der Atom- zur Wasserstoffbombe,
wenn Sie so wollen. Im Zusammen mit Marktmacht bildet die
Finanzmathematik ein hervorragendes Werkzeug zum Erzeugen großer Gewinne, die gesellschaftlich und wirtschaftlich
eigentlich nicht gerechtfertigt sind, da sie einfach in einem Aus-
nutzen einer (durch die neuen Erkenntnisse brüchig gewordenen) Institution bestehen. In unserem LIBOR-Beispiel entsteht
Marktmacht dadurch, dass man einigen Banken die Möglichkeit gibt, Einfluss auf den Zinssatz zu nehmen. Diesen oligopolistischen Markteinfluss können sie wiederum nutzen, um Derivate, die vom LIBOR abhängen, zu verkaufen. Damit können
sie *Gewinne ohne Risiko* einstreichen – das Grundprinzip, auf
dem die Finanzmathematik beruht, bricht dann zusammen.

Kulturverlust: ein Kriminalfall aus der Provinz

Lassen Sie uns nun zu einem Fall kommen, der den Kulturverlust in den Banken, der mit der Entwicklung der Finanzmathematik einhergeht, recht schön illustriert. Der Fall spielt in der
Provinz und stand daher bislang nicht im Licht der Weltöf-
fentlichkeit. Es geht um einen Stadtkämmerer, der seinen Ort
von Millionen an Zinslasten befreien wollte und um eine nicht
mehr existierende Bank, die ihn dabei beriet und genau die falschen Wetten verkaufte, mit der Folge, dass die Schulden der
Stadt nun um einiges höher ausfallen als zuvor. Was zuweilen
wie eine Provinzposse anmuten mag, hat sich jedoch so oder
ähnlich an vielen Orten der Welt ereignet und steht damit für
ein generelles Phänomen.[30]

Wenn man diese Geschichte zum ersten Male hört, ist es nur

allzu leicht, wieder in die Falle der moralischen Empörung zu tappen und dabei andere Gesichtspunkte aus den Augen zu verlieren. Denn die Beteiligten haben weder moralisch noch juristisch unrecht gehandelt. Ich interessiere mich an dieser Stelle mehr für die Beweggründe der Akteure, die es, wie mir scheint, durchaus gut meinten, auch wenn es am Ende schlecht ausging. Zudem gestehen Sie mir hoffentlich zu, dass der Kämmerer eines kleinen Städtchens nicht zu den großen Schurken des globalen Finanztheaters gehört, und vermutlich glauben Sie mir, dass die Berater einer untergegangenen Landesbank nicht zu den großen Lichtern der Finanzwelt zählten.

Wie dem auch sei. Mein Punkt ist nun der Folgende: Es gab und gibt sowohl bei den Banken wie auch bei ihren Kunden ein grobes Missverständnis der Möglichkeiten und Grenzen der Finanzmathematik. Dasselbe Missverständnis fällt mir bei manchen Studenten auf, wenn sie zum ersten Mal die volle Kraft und Tragweite der Finanzmathematik sehen, aber falsch interpretieren.

Wenn man Finanzmathematik gelernt hat, weiß man, wie man beliebige zukünftige Zahlungsverpflichtungen bewertet. Hieraus ziehen viele zu oft und zu leicht den falschen Schluss, dass sie nun alle Finanzgeschäfte verbessern können und eine Anleitung zu höheren Gewinnen an der Hand hätten. Insbesondere viele institutionelle Kunden waren der Meinung, dass diese neuen Produkte einfach ein besseres Schuldenmanagement ermöglichen würden. Wie wir aber gesehen haben, ist Finanzmathematik lediglich eine Art höherer Versicherungsmathematik. In dieser Hinsicht erlaubt sie in der Tat ein optimiertes Schuldenmanagement, da man bessere Versicherungen gegen Risiken erstellen kann. Wenn man aber schon perfekt gegen zukünftige Risiken abgesichert ist, braucht man keine komplexen Zinsderivate. Anders ausgedrückt: Wer schon versichert ist, benötigt nicht noch eine weitere Versicherung obendrauf.

Nun aber zu unserem Fall: Bislang habe ich wenig über die komplexen Strukturen mancher Derivate gesprochen, weil ich in erster Linie die grundlegenden Prinzipien der Finanzmathematik deutlich machen will. Hier kommen wir nun zum ersten Mal mit den in den Medien so oft erwähnten, aber niemals ernsthaft erläuterten »komplexen Produkten, die niemand versteht« in Berührung.

Versetzen Sie sich einige Jahre zurück, als die Finanzmärkte noch blendend liefen, und stellen Sie sich vor, Sie sind ein ehrgeiziger Stadtkämmerer einer mittelgroßen Stadt, die 5 Prozent Zinsen fest für zehn Jahre auf einen zweistelligen Millionenbetrag zahlen muss. Sie haben von anderen Städten gehört, die durch »moderne Derivate« ihre Schuldenlast beträchtlich lindern konnten und damit ihrer Gemeinde wieder Luft zum Atmen verschafften. Bei einem Empfang erzählt Ihnen einer Ihrer Kollegen, dass er dies mit wunderbaren Credit Spread Linked Swaps erreicht habe. So etwas möchten Sie auch haben. Sie fragen mehrere Banken an, von denen manche abwinken, bis eine große Bank zuschlägt. Sie bekommen nicht nur einen Credit Spread Linked Swap, nein, Sie erhalten sogar einen Credit Spread Linked Swap mit Cap und Floor. Das kann ja nur besser sein, oder?

Hier sind so viele unerklärte Begriffe in schwieriger Kombination im Spiel, dass man leicht nachvollziehen kann, warum weder der Bürgermeister noch der Stadtrat die Einzelheiten erklärt haben möchten – und dem Stadtkämmerer schließlich erlauben, solche Produkte einzukaufen.

Wir müssen aber von diesem Automatismus des selbst gewählten Wegschauens weg, sobald das Thema »komplexe Finanzderivate« angesprochen wird, der gerade auch bei den Personen vorherrscht, die eigentlich für Finanzen zuständig sind. Ein von mir sehr geschätzter Verwaltungschef, den ich zu einem meiner Vorträge einlud, sagte mir einmal: »Ach, das verstehe ich doch eh nicht.« Wenn Sie bis hierhin gelesen haben, so vertrauen Sie mir hoffentlich, dass ich Ihnen zeigen kann, dass auch dieser Vertrag nicht so schwer zu verstehen ist.

Fangen wir an. Ein Swap ist ein Tausch; in unserem Falle werden also Zinsen getauscht. Die Stadt zahlt fest über zehn Jahre 5 Prozent. Sie will diesen Zinssatz nun eintauschen – und zwar gegen einen variablen Zinssatz. Der Vertrag sieht also vor, dass die Landesbank die Zahlungen der 5-Prozent-Zinslast übernimmt und dafür im Gegenzug die Stadt variable Zinsleistungen an die Bank zahlt. Sie geht damit also von den sicheren Zahlungen weg und begibt sich in unsichere Gefilde. An sich kann man an dieser Stelle schon einschreiten und feststellen, dass Kommunen solche Transaktionen nicht durchführen sollten. Unser Kämmerer beginnt zu spielen. Es ist also leicht zu sehen, dass hier etwas nicht in Ordnung ist. Doch wenn man freiwillig die Augen verschließt und sich von komplexen Namen und schönen Versprechungen blenden lässt, darf man sich nicht wundern, dass dies ausgenutzt wird – in diesem Fall eben durch eine Landesbank. Dem Stadtkämmerer allein die Schuld in die Schuhe zu schieben, greift allerdings zu kurz, denn auch der Stadtrat wollte nicht genau hinsehen. Aber schauen wir weiter.

Es muss ja einen Grund geben, warum der Kämmerer zu spielen beginnt, und dieser liegt natürlich darin, dass zunächst einmal der variable Satz, den die Stadt zu zahlen hatte, niedriger war. Kurzfristig war also klar, dass die Stadt gewinnen würde. Hierzu müssen wir den Vertrag zwischen der Stadt und der Bank etwas genauer analysieren. Dieser sieht vor, dass die Stadt zunächst nur 4,5 Prozent Zinsen zahlt, solange eine gewisse Zinsdifferenz in einem Korridor verharrt. Kurzfristig macht die Stadt also einen Gewinn von einem halben Prozent, was bei den Schulden deutscher Kommunen eine relevante Größe ist. Nicht ganz so klar ist, was die Bedingung bedeutet, dass eine *Zinsdifferenz* in einem *Korridor* bleibt. Vermutlich hat man es dem Stadtrat so verkauft, dass man davon ausgehen könne, dass es schon so bleiben werde.

Der englische Begriff für die Differenz zweier Zinssätze
lautet »Credit Spread«. Im vorliegenden Fall geht es um die
Differenz aus den Zinsen für Kredite mit zehnjähriger Laufzeit und dem Zins für kurzfristige Kredite über drei Monate,
dem sogenannten 3-Monats-EURIBOR-Satz. Der EURIBOR
(Euro Interbank Offered Rate) ist das kontinentaleuropäi-
sche Pendant des uns schon bekannten LIBOR, also ebenfalls ein Referenzzinssatz für die Kreditvergabe. Hier ist üblicherweise die Stelle, an der die Abgeordneten des Stadtrates
Ohrensausen bekommen und gerne abschalten wollen. Der
Unterschied von Zinssätzen mit verschiedenen Laufsätzen?
Nie gehört, nicht wahr? Der Witz ist aber, dass man dies noch
nicht einmal verstehen muss: Sie müssen einfach wissen, dass
unser Vertrag von etwas abhängt, was sich zufällig ändert im
Laufe der Zeit.

Ein Credit Spread Linked Swap ist also ein Tauschvertrag,
bei dem die Zinslast der Stadt variabel davon abhängt, wie groß
die Differenz aus lang- und kurzfristigen Zinsen ist. Das ist ja
auch die korrekte Übersetzung des englischen Begriffs, der allerdings grammatikalisch zunächst nicht so leicht zu verstehen
ist, da man nicht weiß, worauf sich das Partizip »linked« be-
zieht. Jetzt haben wir fast alle Zutaten zusammen, bis auf Cap
und Floor: Das bedeutet nur, dass die maximale und minimale
Last für die Stadt sowie die Bank gedeckelt werden – wir können dies einfach mal ignorieren. Es mag beim Marketing geholfen haben.

Der Zinssatz der Stadt hängt nun also von der Differenz
zweier Zinssätze ab, die wir der Kürze halber Basissatz nennen.
Und nun wird es wirklich ein wenig komplex, weil die Zinsen,
die die Stadt zahlen muss, in etwas undurchsichtiger Weise von
diesem Basissatz abhängen:

- Wenn der Basissatz zwischen 0 und 1 liegt, zahlt die Stadt
  4,5 Prozent Zinsen und macht so einen Gewinn.
- Wenn der Basissatz über 1 liegt, zahlt die Stadt 4,5 Prozent

minus dem Vierfachen des Basissatzes abzüglich 1, also etwas
prägnanter:

4,5 – 4 × (Basissatz – 1).

In diesem Fall gewinnt die Stadt noch mehr als im vorigen
Szenario.

* Nun kommt die Kehrseite: Wenn der Basissatz unter 0 liegt,
  zahlt die Stadt *mindestens 8,5 Prozent*, aber im Allgemeinen
  noch mehr, nämlich gemäß derselben Formel:

  4,5 – 4 × (Basissatz – 1).

  Jetzt macht die Stadt einen Verlust.

Hinzu kommen nun Cap und Floor: Die maximalen Zinsen,
welche die Stadt zahlen muss, sind auf 13 Prozent begrenzt
(Cap), während die Zinsen nicht unter 0 Prozent fallen können
(Floor).

Ein komplizierter Vertrag, in der Tat. Manchmal ist das Le-
ben ja komplex, und man muss sich dem stellen – hier wird aber
Komplexität unnötig erzeugt, und wir dürfen durchaus unter-
stellen, dass dies mit Absicht geschah, auch wenn ein Staatsan-
walt dies nur schwerlich beweisen kann. Um ein Bild von der
Situation zu gewinnen, sollten wir uns den Vertrag einmal als
Grafik anschauen. Die Funktion der zu zahlenden Zinsen ist in
Abbildung 16 dargestellt.

Normalerweise liegen die langfristigen Zinsen höher als die
kurzfristigen. Dies hat damit zu tun, dass diejenigen, die Geld
verleihen, sich im Allgemeinen ungern lange festlegen. Daher
bekommt man einen höheren Zinssatz, wenn man dazu bereit
ist. Man kennt dies vom sogenannten Festgeld, bei dem die
Sparkasse einen etwas höheren Zinssatz zahlt, wenn man bereit
ist, sein Geld für Jahre auf dem Konto zu belassen. Zu vielen
Zeiten ist der Basissatz daher positiv. Zum Zeitpunkt des Ver-
tragsabschlusses war das auch der Fall, und er lag etwa bei
1,25 Prozent. Das bedeutete, dass die Stadt statt 5 nur 3,5 Prozent Zinsen zahlte.[31] Ein schöner Gewinn also.

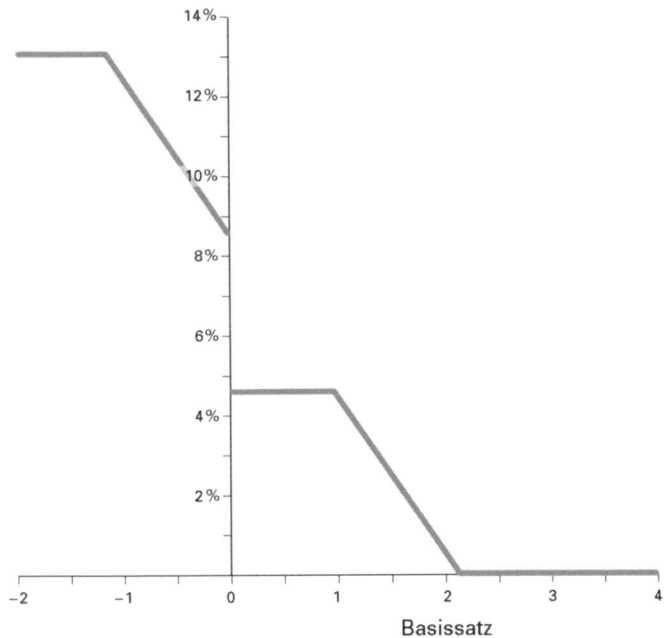

Abbildung 16: Variabler Zinssatz der Stadt in Abhängigkeit des
Basissatzes.

Schauen wir noch einmal auf die Grafik. Wenn wir davon ausgehen, dass sich die langfristigen Zinsen weiter erhöhen, der
Basissatz also größer wird, könnte es sogar passieren, dass unsere Zinsen bis auf null sinken. Das ist der Fall, wenn die Differenz aus lang- und kurzfristigen Zinsen etwas mehr als 2 Prozent beträgt – und so etwas ist durchaus normal. Stellen Sie
sich vor, das würde eintreten. Unser Stadtkämmerer wäre doch
der Star des kommunalen Finanzwesens und hätte eine steile
Karriere vor sich, nicht wahr?

Aber nun kommen wir zur Kehrseite des Geschäftes. Die
Bank kann ja keinen Vertrag abschließen, bei dem sie stets ver-
liert. Wann ist der Vertrag also günstig für die Bank? Wenn der
Basissatz negativ wird, denn dann springt der Zinssatz zuerst

auf 8,5 Prozent und kann sogar bis zu wucherisch erscheinenden 13 Prozent steigen. Das Risiko für den Kämmerer ist beträchtlich: Der Zinssatz explodiert geradezu von 4,5 auf 8,5 Prozent, wenn der Basissatz unter null fällt. Solche unstetigen Auszahlungsprofile gehören zu den gefährlichsten Verträgen, die man abschließen kann.

Kann der Basissatz überhaupt negativ werden? Normalerweise ist das nicht der Fall, aber es ist auch keine mathematische Unmöglichkeit. In der Tat treten solche inversen Zinsstrukturen immer wieder auf – wenn beispielsweise die Zentralbanken ihre Politik ändern. Diese steuern nämlich den kurzfristigen Zins, den sie direkt festsetzen können. Die Dreimonatssätze ziehen dann üblicherweise sofort mit, während die Zehnjahressätze träger sind und zunächst auf einem höheren Niveau verharren.

Wie es im Leben so geht, trat der schlimmste Fall ein Jahr nach Abschluss des Vertrages ein. 2007 stiegen die kurzfristigen Zinsen auf fast 5 Prozent, während die langfristigen Zinsen nur langsam hinterherkamen und bei ungefähr 4,8 Prozent standen. Der Basissatz wurde also negativ. Als Konsequenz zahlte die Stadt plötzlich 9,3 Prozent Zinsen. Damit hatte sich die Zinslast der Gemeinde fast verdoppelt!

In der Folge beschäftigte sich der Stadtrat wieder mit dem Fall; man weiß nicht, ob man Dostojewskis *Spieler* oder eher Voltaires *Candide* bemühen soll, um sich die Szenen, die sich abspielten, vorzustellen. In einer gewissen Panik gelang es jedenfalls der Stadt, mit einem beträchtlichen Verlust aus dem Vertrag auszusteigen. Doch auch das erwies sich im Nachhinein als Fehler, denn im Anschluss trat wieder eine normale Zinsstruktur ein. Dabei wären die Zinsen der Stadt wieder unter 5 Prozent gefallen. Bis zum heutigen Tag berechnet, hätte die Stadt insgesamt einen Gewinn gemacht. Es ist ihr also wie vielen unerfahrenen Spekulanten gegangen: Nachdem viele Leute mit gewissen Geschäften Gewinn gemacht hatten,

sprang die Kommune auf den Zug auf und liquidierte ihre
Wette in Panik, als erste große Verluste eintraten, obwohl sie
einfach nur ruhig Blut hätte bewahren müssen. Schlechter
kann es nicht laufen.

Aber wir wollen nicht abschweifen, sondern bei der wesentlichen Konsequenz bleiben, die man aus diesem Fall meiner
Ansicht nach ziehen kann. Der obige Kreditvertrag ist ein typisches Beispiel für die überdehnte Anwendung der Finanzmathematik auf Zinsprodukte, die ich im Kapitel über die Finanzmathematik angesprochen habe. Sowohl bei den Banken wie
auch bei ihren Kunden hatte sich eine gewisse geradezu eroti-
sche Beziehung zu der Vielfalt und den Möglichkeiten der
neuen Finanzwelt aufgebaut[32], die eigentlich auf einem Missverständnis der Finanzmathematik beruht.

Die Finanzmathematik ist eine Form der Versicherungsmathematik. Das kann man nicht oft genug wiederholen. In
dieser Form wird sie in Zukunft langweilig sein, aber gesellschaftlich nützlich für diejenigen, die sich gegen komplizierte
Risiken versichern müssen. Für alle anderen, auch für unseren
Stadtkämmerer, gilt: Es gibt auch mit Hilfe der Finanzmathematik kein Schlaraffenland. Wer einen festen Zins von 5 Prozent zahlen muss, der muss diesen zahlen. Kurzfristig niedri-
gere Zinsen gibt es nur gegen das Risiko langfristig höherer
Zinsen. Dieses ökonomische Gesetz hat weiterhin Gültigkeit.

Dieses Grundverständnis muss auch wieder bei den Banken
Einzug halten. Die Bank hätte ein solches Produkt nicht verkaufen dürfen – und zwar nicht, weil ich besonders hohe moralische Maßstäbe anlege, sondern weil sie im eigenen Interesse
im Sinne eines guten Kaufmanns einen wichtigen Kunden (gegen eine Gebühr) wirtschaftlich sinnvoll beraten sollte. Banken
verdienen mit dem Schuldenmanagement der Kommunen sehr
gutes Geld; wenn sie Kommunen zur Spekulation verleiten, ist
das gegen das eigene Interesse der Bank, diese Kunden langfristig zu halten.

Aber es gibt bei Verträgen immer zwei Seiten: Niemand hat den Kämmerer gezwungen, einen solchen Vertrag abzuschließen. Gleiches gilt für viele Kunden, die mit Derivaten zum Teil einen Großteil ihres Vermögens während der Finanzkrise verloren und hernach jammerten, dass man sie doch bitte entschädigen solle. Auch als Kunden der Banken müssen wir dazulernen, und zwar zweierlei:

- Da bei den Banken die Kultur der ehrlichen Beratung gegen eine kleine Gebühr zugunsten kurzfristiger Ausbeutung der Kunden verloren ging, müssen wir Kunden mit gesundem Misstrauen reagieren. Kaufe nichts, was du nicht verstehst, und kaufe nichts, ohne die Gewinne deines Verkäufers verstanden zu haben!
- Mit Derivaten kann man hohe Gewinne erzielen, aber nur bei hohem Risiko. Wer dies für sich selbst möchte, muss auch die Kehrseite hoher Verluste einkalkulieren.

Wenn wir zum Schluss doch moralisch werden wollen: Die Bank nahm zusätzlich zu den Gewinnen aus dem Vertrag auch noch eine hohe Beratungsgebühr für das Schuldenmanagement der Kommune. Hier hört der Spaß endgültig auf, und so mag diese Bank gerechterweise zugrunde gegangen sein.

What's your number? Ökonomie und Psychologie von Bonuszahlungen

Bonuszahlungen wurden und werden hinreichend diskutiert, mit dem in Kontinentaleuropa üblichen Neid versetzt, der eine realistische Einschätzung erschwert. Es ist kaum möglich, eine sittlich korrekte Höhe einer Vergütung festzulegen. Ist es gerecht, dass ein Bundesligaspieler Millionen verdient, während ein Olympiasieger in einer Randsportart wie ein Student lebt? Liegt eine vernünftige Bezahlung für einen Manager im Bereich von hunderttausend Euro, der Millionen oder der zig Millionen? Ähnlich kann man bei jedem Berufsstand, inklusive meines eigenen, weitermachen, ohne dass man zu einer befriedigenden Antwort kommt.

Letztlich entscheidet für normale Berufe, die von vielen in ähnlich guter Weise ausgeübt werden können, der Markt über den Lohn, und bei sehr besonderen, hohe Spezialisierungen und Fähigkeiten erfordernden Berufen, die nur noch von wenigen geleistet werden können, die Verhandlungsmacht. Der Handwerksgeselle hat viele Mitbewerber, die den Job ebenso gut wie er ausführen können; so reduziert der Wettbewerb seine Möglichkeiten, mehr zu verdienen. Andererseits kann sein Meister den Lohn auch nicht unter den Wert drücken, den ein anderer Betrieb zu zahlen bereit wäre. So bestimmt am Ende der Wettbewerb den Lohn, und der Geselle erhält einen Lohn im Bereich seiner Produktivität. Wenn Real Madrid einen Spieler kaufen möchte, so hat dieser Spieler bei seinem Heimatverein gute Chancen auf eine Gehaltserhöhung, die im Allgemeinen nur noch wenig mit seiner eigentlichen »Produktivität« zu tun hat. Ähnlich verhält es sich mit sehr speziellen mathematischen Fähigkeiten, die von den Banken gesucht werden, aber nur von wenigen Menschen beherrscht werden und, was noch wichtiger ist, auch kommuniziert werden können. Wenn der Arbeitgeber genau diese eine Person einstellen möchte, die wenige Konkurrenten hat, ergibt sich eine Verhandlung um die Verteilung des Gewinns zwischen zwei Partnern. Dann sind, wie bei den Unternehmern selbst, wesentlich höhere Gehälter möglich.

Bonuszahlungen haben als Anreiz etwas für sich, insbesondere wenn man Leistungen belohnen will, die unangenehm oder mühevoll sind. Wenn man seine Mitarbeiter nicht ständig überwachen kann und sie daher dazu neigen, unangenehme

Aufgaben liegen zu lassen, können variable Zahlungen als Motivationshilfe und Belohnung dienen. Wenn man wie ich in einer verstaatlichten Umgebung arbeitet, in der niemand seine einmal errungene Stellung verlieren kann, so lässt sich manches Mal beobachten, wie ein stets gleiches, stets sicheres Gehalt mit einer gewissen Lethargie einhergeht.

Zurück zu den Boni. Wenn man sich die Arbeitgeber-Arbeitnehmer-Beziehung unter dem Aspekt anschaut, dass der eine möglichst hohe Leistungen wünscht und der andere sich möglichst wenig anstrengen möchte, sind Boni die richtige Antwort. Ist es aber bei Bankern so, dass sie am liebsten den Tag vertrödeln und daher einen zusätzlichen Anreiz brauchen? Und wenn ja, welche Effekte hat ein solches Anreizsystem auf das Verhalten? Wir wollen uns dies einmal anschauen, ohne die Berechtigung der Gehälter in Frage zu stellen, sondern allein, um herauszufinden, ob die Boni aus Sicht der Gesellschaft und aus Sicht des Unternehmens Bank eine sinnvolle Vergütung darstellen.

Bei normalen Boni im Bereich eines Monatsgehaltes setzt niemand seinen Job aufs Spiel; denn dieser ist im Prinzip eine Option auf viele Jahre Gehalt. Die Lage ändert sich jedoch stark, wenn das eigentliche Monatsgehalt eher einer Grundsicherung (zugegeben auf hohem Niveau) entspricht, während der wesentliche Bestandteil des Jahreseinkommens durch eine erfolgsabhängige Prämie bestimmt wird. In diesem Falle ändert sich die »Zielfunktion«, wenn ich mathematisch sprechen darf, des Händlers: Jemand, der darauf bedacht ist, im Wesentlichen den konstanten Strom seines Monatsgehaltes zu sichern und seinen Job durch zu große Verluste nicht zu gefährden, wird eher risikoscheu agieren. Die Erhöhung der Streuung seiner Gewinne hat für ihn hauptsächlich den negativen Effekt eines Arbeitsplatzverlustes, der wesentlich stärker wirkt als der positive Effekt eventuell höherer Bonuszahlungen.

Um ein konkretes Beispiel zu geben, das vor der Explosion

der Gehälter durchaus im Bereich des Möglichen lag: Stellen
Sie sich vor, Sie haben 5000 Euro netto im Monat. Bei großen
Erfolgen Ihrer Abteilung oder Ihres Fonds erhalten Sie zu
Weihnachten eine Prämie von 10 000 Euro. In diesem Falle
werden Sie schon versuchen, die Prämie zu erlangen, aber es
lohnt sich nicht, die 60 000 Euro netto pro Jahr dafür aufs Spiel
zu setzen.

Ganz anders sieht es aus, wenn die Prämie auf einmal ein
Vielfaches des Jahresgehaltes beträgt: Nehmen wir an, Sie
könnten eine Prämie von einer Million Euro ergattern, wenn
Sie eine gewisse »Performance« nachweisen können. Man
spürt doch sofort eine gewisse Lust auf diese Million in sich
aufsteigen, die bei dem einen stärker, bei dem anderen schwächer ausgeprägt ist. Diese Million hat einige unerwünschte
unbewusste Nebenwirkungen: Moralische Bedenken oder einfach die Prinzipien der Kinderstube, die man mitgebracht hat,
werden angesichts solcher Zahlen erschüttert und schneller
geopfert; für einen kleinen Bonus nehmen nur wenige die
Skrupel in Kauf, die eine vor sich selbst als schlecht empfun-
dene Handlung mit sich bringt. Bei einer Million sind viele
schon eher bereit, ein paar Gewissensbisse zu verdrängen.

Eher technisch ausgedrückt bedeutet das, dass sich die Zielfunktion des Händlers ändert: Er vergleicht nun nicht mehr
den sicheren Strom von Monatsgehältern mit dem Risiko, eine
kleine Prämie durch Spekulation zu erhalten, sondern er interessiert sich im Extremfall nur noch für die Prämie. Er wird also
versuchen, die Wahrscheinlichkeit zu maximieren, eine gewisse
Zielgröße zu übertreffen, weil er dann die Bonuszahlung erhält.[33] Das wird besonders deutlich an der Aussage eines ehemaligen Kommilitonen, der an der Wall Street arbeitet und
mir einmal launisch sagte: »Mal sehen, ob sie mich dieses Jahr
bezahlen.« Er sah eigentlich nur seinen jährlichen Bonus als
Vergütung an; das Grundgehalt deckte letztlich nur seine laufenden Kosten.

Und hier sind wir wieder zurück bei Value at Risk, auch wenn dies überraschend kommen mag. Ein Händler, der nur den Bonus erreichen will, verfolgt das Ziel, mit möglichst großer Wahrscheinlichkeit einen gewissen Gewinn zu erzielen. Er schaut dann gar nicht mehr genau auf die Höhe möglicher Verluste; denn diese fallen für ihn allesamt in den Bereich »kein Bonus«, werden also allesamt mit null bewertet. Mathematisch gesehen ist dieses Optimierungsproblem genau dasselbe wie das Problem, mit Hilfe von Value at Risk möglichst große Risiken zu verstecken bei möglichst hoher mittlerer Rendite.[34] Wie schön doch Anreize und falsche Regulierung Hand in Hand einhergehen.

Hohe Boni verstärken den Anreiz, mit Hilfe von Value at Risk große Risiken einzugehen und zu verstecken.

Es steht natürlich außer Frage, dass ein solches Anreizsystem nicht im Interesse der Gesellschaft ist. Ein solches System ist aber auch nicht im Interesse der die Händler beschäftigenden Banken, auch wenn die wenigsten Manager dies bereits erkannt haben. Es ist natürlich wichtig, hoch motivierte Angestellte zu haben, die man ständig auf den Zehenspitzen halten kann; aber es geht doch am Ende des Tages darum, die Bank langfristig zu sichern. Wenn wir nämlich an die Besitzer der Bank denken, also die Aktionäre, dann sind diese sehr wohl an einer langfristigen stetigen Folge von schönen Dividendenzahlungen interessiert und nicht an einmaligen Ausreißern nach oben. Mit anderen Worten führen die Boni dazu, dass die Interessen der Aktionäre nicht gewahrt werden.

Hohe Bonuszahlungen schädigen die Aktionäre.

SECHSTES KAPITEL

Warum hat niemand gewarnt?
Die angebliche oder wirkliche Blindheit der Ökonomen

Kommen wir zu den Ökonomen. Es ist wohl hinreichend klar geworden, dass die großen Forschungsinstitute, zu deren Aufgaben es gehört, Prognosen über die zukünftige wirtschaftliche Entwicklung des Landes zu liefern, die Erschütterungen der sich andeutenden Finanzkrise nicht einmal geahnt haben. Es liegt mir fern, meine Kollegen an diesen Instituten verspotten zu wollen – diese Aufgabe haben andere zur Genüge übernommen.[35]

So wie es bei Banken und Bankenaufsicht nicht weitergehen kann wie bisher, ist es meiner Ansicht nach auch geraten, dass die Volkswirtschaftslehre gerade in den Bereichen, wo sie praktisch und politisch wird, kritisch auf ihre Grenzen und Schwächen untersucht wird und sich anschließend neu gründet. In diesem Kapitel spreche ich folgende Probleme an, denen sich meiner Meinung nach die Wirtschaftswissenschaften und die Finanzmathematik stellen müssen.

- Die Makroökonomen, besonders in Europa, haben die Finanzmarkttheorie ignoriert, weil sie sich der mathematischen Komplexität nicht gewachsen fühlten und sich selbst einredeten, es handele sich um gesamtwirtschaftlich vernachlässigbare Effekte, die durch die neuen Entwicklungen entstünden.
- Den Finanzingenieuren fehlt es zu großem Teil an ökonomischer Bildung und am Willen, Konsequenzen ihrer Handlungen auf gesellschaftlichem Niveau zu erwägen.
- Die Mikroökonomen, die im Prinzip noch am ehesten die strategischen wirtschaftlichen Probleme, die die neue Finanz-

markttheorie erzeugt, hätten erkennen können, haben sich
zu großem Teil in irrelevante Nischen der Forschung zu-
rückgezogen.

• Nicht zuletzt müssen wir die Prognosen der Forschungsinstitute in Frage stellen und auf ihre vernünftige wissenschaftliche Basis untersuchen.

Die Wirtschaftswissenschaften stecken in einer Krise – das
lässt sich kaum leugnen. Dabei hat die Volkswirtschaftslehre,
wenn wir sie richtig aufstellen, der Praxis wie der Politik viel zu
geben. Wir kommen aber nicht umhin, zunächst einmal zu
analysieren, welche Bereiche versagt haben und umgestaltet
werden müssen. Für eine Wissenschaft ist dies ein langwieriger
Prozess, und es würde wenig bringen, jetzt in einer Art Revolution von einem Tag auf den anderen etwa Konjunkturprognosen abzuschaffen und Wirtschaftsforschungsinstitute vollständig umzubauen. Langfristig müssen aber Mikroökonomie,
Wirtschaftspolitik und Finanzmathematik zu einer neuen Ein-
heit zusammenwachsen. Intellektuell stehen wir hier vor einer
großen, aber nicht unmöglichen Herausforderung für die
kommenden Generationen an Wissenschaftlern; eine Krise hat
eben nicht nur Probleme und Verlierer, sondern führt auch zu
spannenden neuen Aufgaben.

Finanzmathematik und Volkswirtschaftslehre: zusammenbringen, was zusammengehört

Traditionell waren Volkswirte oder Nationalökonomen, wie sie
früher hießen, und Financiers und Börsianer nicht gerade enge
Vertraute. Nationalökonomen kamen meist aus philosophischen Denkschulen und sahen sich selbst eher als große Den-

ker und Berater der Politik; die Welt der Zahlen und Spekulationen wie auch die Welt der Buchhaltung und des
Managements war ihre Sache nicht. Auch räumlich gab es an
den Universitäten diese Trennung: Während die Ökonomen
eher zusammen mit den Juristen eine Rechts- und Staatswis-
senschaftliche Fakultät bildeten, wie es sie heute noch an einigen deutschen Universitäten gibt, bildeten die Betriebswirt-
schaftler, die sich schon eher mit den Börsen beschäftigten,
eine eigene Abteilung, wenn sie überhaupt an der Universität
und nicht an Handelshochschulen vertreten waren. In den USA
gehört »Finance« bis heute an die Business-School und ist
räumlich vom Economics-Department getrennt.

»Finance«, also der Teil der Betriebswirtschaftslehre, der
sich mit Finanzmärkten beschäftigte, war bis weit in das
20. Jahrhundert im eigentlichen Sinne keine Wissenschaft und
wurde dementsprechend von den meisten Universitätsprofes-
soren nicht ernst genommen. Der Ökonom und Wissenschafts-
historiker Peter Bernstein, der die Entwicklung der Finanzmarkttheorie bis in die neunziger Jahre des letzten Jahrhunderts
aufgearbeitet hat,[36] schreibt etwa, dass die Fakultätsmitglieder
der Business- und Economics-Departments einander kaum auf
der Straße grüßten (und an vielen Universitäten ist dies bis
heute leider so geblieben). Die Lehrbücher beschrieben einfach, auf welche Arten und Weisen eine Firma sich finanziert,
nach welchen Regeln Dividenden ausgezahlt werden, welche
finanziellen Produkte es gab und welche Eigentumsrechte mit
Aktien verbunden sind. Eine eigentliche Theorie der Finanzmärkte war in solchen Lehrbüchern nicht zu finden.

Interessanterweise waren es eher (mathematisch versierte)
Volkswirte, die es schafften, aus der Ansammlung von nicht-
theoretischen Regeln und beschreibenden Erläuterungen eine
Wissenschaft zu machen.[37] Es waren spätere Nobelpreisträger
wie der schon mehrfache erwähnte Paul Samuelson, Franco
Modigliani und Merton Miller, die als Erste begannen, mit zu-

nächst recht groben Annahmen an das Verhalten der Akteure
eine Theorie der Finanzmärkte aus volkswirtschaftlicher Sicht
in Angriff zu nehmen. So etwas wie ein Arbitrage-Argument,
das ja die Basis der modernen Finanzmarkttheorie bildet, wie
wir wissen, wurde zum ersten Male in einem berühmten Theorem von Miller und Modigliani verwendet.[38] Ein Ökonom der
Universität Chicago namens Harry Markowitz[39] schrieb eine
der ersten theoretischen Arbeiten zur optimalen Wahl eines
Aktienportefeuilles, die vielfach als Beginn einer echten volkswirtschaftlichen Theorie der Finanzmärkte angesehen wird.

Aus Markowitz' Arbeiten entstand das berühmte Capital-
Asset-Pricing-Modell, zu Deutsch also etwa Aktienbewer-
tungsmodell, das bis heute Bestandteil der Lehrbücher ist.
Dieses Modell arbeitet ganz anders als die heutige Finanzmathematik, denn hier spielen Annahmen an das Verhalten der
Menschen eine große Rolle. So wird unterstellt, dass alle Investoren nur auf die mittlere Rendite und die Varianz ihres
Portefeuilles schauen. Ein solches recht grobes Modell des
Verhaltens spiegelt natürlich nicht die vielfältigen Verhaltens-
formen echter Menschen wider; insbesondere ist auch aus nor-
mativer Sicht Varianz nicht immer schlecht, wie ich im ersten
Kapitel schon einmal kurz ausgeführt habe. Die Varianz misst
ja die durchschnittliche Höhe der Ausschläge um den mittleren
Wert; positive Überraschungen sind aber gerade nicht ge-
fürchtet von den Investoren. So gab es zu Anfang auch große
Vorbehalte gegen dieses simple Modell menschlichen Verhaltens, das aber den Vorteil hat, dass sich daraus eine sehr klare
und elegante Theorie des Gleichgewichts auf den Aktienmärkten entwickeln lässt.

Eine interessante Folgerung dieser Theorie ist übrigens, dass
solche Investoren im Gleichgewicht einfach den DAX oder, allgemeiner gesagt, das Marktportefeuille kaufen und den Rest
ihres Vermögens sparen. Eine solche »passive« Strategie ist in
der Tat auch in der realen Welt für viele »normale« Investoren

eine gute Strategie. Natürlich wird man damit niemals ein Star der Aktienmärkte; aber man partizipiert an den im Mittel höheren Gewinnen der Aktien, ohne zu stark vom Schicksal einzelner Firmen abhängig zu sein.

Hier sieht man übrigens recht schön, dass solche volkswirtschaftlichen Theorien niemals die Wirklichkeit beschreiben: Offensichtlich gibt es ja viele Investoren, die gerade nicht den DAX kaufen, sondern sich anders verhalten. Als deskriptive Theorie ist das Capital-Asset-Pricing-Modell daher nicht viel wert; nichtsdestotrotz gibt es bis heute eine riesige empirische Literatur, die immer versucht, die Relationen des Modells in der Wirklichkeit wiederzufinden. Der Wert einer solchen Theorie besteht vielmehr darin, sich darüber klar zu werden, wie die Welt aussähe, wenn sie von vernünftigen Investoren bewohnt würde, die sich um die Parameter Rendite und Varianz kümmern. Das liefert wertvolle Einsichten.

Das Capital-Asset-Pricing-Model spielte eine wesentliche und vielleicht unfreiwillige Rolle bei der Entstehung der Finanzmathematik. Diese beginnt nämlich mit einer überraschenden Entdeckung, die man zunächst nicht gesucht hatte, wie dies des Öfteren geschieht: Der junge Harvard-Absolvent Fisher Black wollte bestimmen, welche Konsequenzen das Capital-Asset-Pricing-Model auf die Bewertung von Optionen hat, wenn man es auf den zeitstetigen Grenzfall unserer Baummodelle anwendet, also die besprochene Brownsche Bewegung.

Das Capital-Asset-Pricing-Modell braucht gewisse Parameter über individuelle Neigungen, die man empirisch schlecht überprüfen kann. Ein typischer Parameter ist etwa die Rendite, die Investoren erwarten. Ein weiterer schwer messbarer Parameter ist die Abneigung gegen Varianz, die man ins Modell hineinstecken muss. Fisher Black begann wie alle vor ihm mit solchen Annahmen an schwer beobachtbare Parameter. Überraschend entdeckte er aber, dass all diese Parameter sich auf einmal weghoben und er diese Annahmen gar nicht benötigte, um seine Formel für den Preis von Optionen zu beweisen. Ich weiß nicht, ob Sie je ein solches Glücksgefühl beim Rechnen erlebt haben, aber vielleicht erinnern Sie sich, wie es ist, wenn eine schwierige Rechnung mit komplizierten Variablen sich wie durch ein Wunder vereinfachen lässt, viele Terme wegfallen und eine hübsche klare Formel übrigbleibt.

Blacks Formel ist immer noch kompliziert genug, aber eben unabhängig von den nicht beobachtbaren Parametern und Annahmen an menschliches Verhalten. Ich will Sie hier nicht unnötig durch komplexe Formeln abschrecken, aber da Blacks Formel für die Entwicklung der Finanzmathematik eine entscheidende Bedeutung hat, ist es vielleicht ganz interessant, sie einmal zu sehen. Außerdem verstehen Sie dann vielleicht auch, warum viele Ökonomen keine Lust verspürten, sich mit solcher Theorie zu beschäftigen. Blacks Formel für den Wert $v = v(t,x)$ einer Call-Option, die eine Funktion von der Zeit t und dem Wert der zu Grunde liegenden Aktie x ist, hat in moderner Notation die Form einer partiellen Differentialgleichung:

$$v = \frac{\partial v}{\partial t} + rx\frac{\partial v}{\partial x} + \frac{1}{2}\sigma^2 x^2 \frac{\partial^2 v}{\partial x^2} \text{ und } v(T, x) = (x - k)^+$$

In dieser Formel tauchen die Ableitungen der Funktion *v* auf, der Preis der Aktie *x* sowie gewisse Parameter: der Zins r, die Volatilität σ, der Ausübungspreis k und die Fälligkeit T. Ausübungspreis und Fälligkeit sind Teil des Vertrags. Der Zinssatz ist beobachtbar, und die Volatilität einer Aktie ist eine Eigenschaft des Preisprozesses der Aktie, die man schätzen kann. Die Parameter, die in Blacks Modell den menschlichen Investor beschreiben, nämlich seine Erwartung an die zukünftige Rendite und seine Abneigung gegen Varianz (was man auch Risikoaversion nennt), tauchen in dieser Formel nicht auf. Die Formel ist also unabhängig von Annahmen an das menschliche Verhalten!

Das kam überraschend, wie auch Fisher Black selbst einmal schön beschrieben hat. Man brauchte wohl kein »Gleichgewichtsmodell« der Finanzmärkte, um Optionen zu bewerten. Fisher Black hatte das Grundprinzip der Finanzmarkttheorie entdeckt – aber es noch nicht verstanden. Hinzu kam zu allem Überfluss, dass er seine partielle Differentialgleichung nicht lösen konnte. Erst in der Zusammenarbeit mit Myron Scholes, der solche Gleichungen wohl aus der Physik kannte – denken Sie an den oben erwähnten Einstein – gelang die Lösung: Die erste Bewertung einer Option rein mit Hilfe des No-Arbitrage-Prinzips war gelungen. Die Finanzmathematik war geboren.

Der »Beweis« der Formel ist im Übrigen nicht ganz korrekt, wie dies auch des Öfteren bei großen Entdeckungen der Fall ist. Die korrekte Rekonstruktion des reinen Arbitrage-Argumentes gelang erst Robert Merton, einem schon anerkannten jungen Star und Schüler des berühmten Paul Samuelson am MIT, dem Massachusetts Institute of Technology. Merton half im Übrigen, Black-Scholes' Arbeit bei einer anerkannten wissenschaftlichen Zeitschrift, dem *Journal of Political Economy*, zu veröffentlichen. Die Gutachter wissenschaftlicher Zeitschriften tun sich manchmal schwer, die Bedeutung einer Arbeit richtig einzuschätzen; in solchen Fällen ist ein anerkannter Freund an einer berühmten amerikanischen Universität, der gut mit den Herausgebern der Zeitschrift vernetzt ist, von großem Nutzen… Fisher Black arbeitete damals schon bei Goldman Sachs, wo er auch zeitlebens blieb; dies mag nicht unbedingt im Veröffentlichungsprozess geholfen haben.

Wenn es Ihnen beim Anblick der Formel etwas mulmig wurde, befinden Sie sich in guter Gesellschaft. Den meisten Volkswirten ging es nicht anders. Da die ersten Schritte und Erfolge der Finanzmathematik in einem sehr komplizierten wahrscheinlichkeitstheoretischen Modell gemacht wurden, bei dem man Dinge wie »Itô-Kalkül« oder »partielle Differentialgleichungen« und später dann »Martingaltheorie« beherrschen musste, schreckten die meisten Volkswirte zurück. Oftmals taten sie es dann auch als »komplexe Rechnereien« ab, eine natürliche menschliche Reaktion, manchmal allerdings mit fatalen Folgen für die Gesellschaft.

In der deutschen Volkswirtschaftslehre versteht bis heute kaum jemand die zeitstetige Finanzmathematik. Es gibt eine Anekdote über ein ehemaliges Mitglied des Bundesbankpräsidiums, der einmal einem meiner Kollegen sagte, dass er die Finanzmathematik eigentlich volkswirtschaftlich nicht für wichtig halte; er wolle aber vermeiden, dass die Amerikaner uns Deutschen vorwürfen, wir würden die Finanzmärkte nicht verstehen. Deshalb wäre es wichtig, auch deutsche Experten auf dem Gebiet der Finanzmathematik zu haben. Ich weiß nicht, ob die Anekdote zutrifft, sie spiegelt aber sicherlich die Einstellung großer Teile der deutschen Volkswirtschaftslehre gegenüber der Finanzmathematik gut wider.

Man muss aber auch hinzufügen, dass die Finanzmathematiker selbst recht froh waren, dass ihre Theorie es nie ernsthaft in die Volkswirtschaftslehre geschafft hat. Es war eben auch ein Privileg, zu den Eingeweihten dieser Wissenschaft zu gehören und mit Vokabeln wie »Girsanov-Theorem« und »Martingal-Darstellungssatz« zu arbeiten. Hier geht es Finanzmathematikern vermutlich ein wenig wie den theoretischen Physikern, die stets ein wenig von der Aura des Genies umhüllt sind und es gerne sind. Auch die Quants in den großen Investmentbanken umhüllen sich gerne mit einem solchen Heiligenschein.

Wenn wir an das einfache Grundprinzip der Finanzmathematik zurückdenken, das ich oben erklärt habe, fällt auf, wie unnötig und auch unsinnig die Trennung von Volkswirtschaftslehre und Finanzmathematik ist. Das Grundprinzip der Arbitragefreiheit ist ein einfaches *volkswirtschaftliches* Prinzip; es gehört eigentlich in jeden vernünftigen Kurs über Mikroökonomie, wenn man sich mit dem Thema Risiko beschäftigt. Es gehört auch in jeden vernünftigen Kurs der Makroökonomie, sobald denn Finanzmärkte auftauchen. Wie man *im Prinzip* dann Optionen bewertet, habe ich hoffentlich überzeugend erklärt. Jeder Student (und jeder Dozent) der Wirtschaftswissenschaften sollte in der Lage sein, diese Prinzipien zu verstehen. Damit ist klar:

Die Finanzmathematik muss Teil der
Wirtschaftswissenschaften werden.

Ingenieure ohne Urteilskraft

Gerade in den angelsächsischen Ländern, aber mehr und mehr auch in Europa, hat sich ein fataler Trend in der Ausbildung sogenannter Finanzingenieure durchgesetzt. Angelockt durch die unglaublichen Verdienstmöglichkeiten in der Finanzbranche entstand eine riesige Nachfrage nach Studienplätzen im Bereich der Finanzmathematik. In den USA, wo hohe Studiengebühren üblich sind, war es daher lukrativ, mit entsprechenden Masterprogrammen darauf zu reagieren. Aber auch Europa hat mehr und mehr Kurse in dieser Richtung aufgesetzt.

Die Konsumenten dieser Programme, also die Studierenden und Finanzingenieure in spe, interessieren sich oft nicht für die ökonomischen Grundlagen ihres Fachs. Rationale Entscheidungen, Angebot und Nachfrage, allgemein gesprochen, Mikro- und Makroökonomie im Ganzen, aber auch nur die Bereitschaft, über den Menschen als wirtschaftlich handelndem Wesen nachzudenken, halten die meisten von ihnen für Zeitverschwendung auf dem Weg zum großen Geld.

Eine typische, aber fatale Konsequenz solcher Selbstvergessenheit zeigt sich an der Objektivierung der Preise. Reine Finanzingenieure vergessen oder haben nie gelernt, dass Preise durch das Verhalten von Menschen bestimmt werden. Angebot und Nachfrage, das Verhandeln und Feilschen um den besten Deal, Erwartungen und Hoffnungen, Pläne und Träume bestimmen den Preis einer Ware. Das gilt auch für Finanzverträge, bei denen es sich auch um eine Ware in dem abstrakten Sinne einer zustandsabhängigen Zahlung in der Zukunft handelt.

An dieser Stelle konnen Sie einwenden, dass ich doch die ganze Zeit über den Erfolg der Finanzmathematik damit erklärt habe, dass sie ohne Annahmen an menschliches Verhalten auskommt. Nun soll es doch wieder wichtig sein, das wirtschaftliche Verhalten von Menschen zu verstehen?

Hier liegt kein Widerspruch vor. Die Finanzmathematik ist eine Form der Analyse von Preisen. Wenn ich die Preisdynamik einer Aktie kenne, kann ich im Baummodell die Preise aller Optionen ausrechnen, weil sie sich aus Arbitrage-Überlegungen zwangsläufig ergeben. Dies ist die Grundeinsicht der Finanzmathematik, und sie ist unabhängig von unseren Theorien über menschliches Verhalten. Aber für ein wirkliches Verständnis der Finanzmärkte muss man sich bewusst sein, dass die Dynamik der Aktienpreise ein Ergebnis wirtschaftlichen Verhaltens ist und nicht einfach objektiv gegeben ist. Wenn man dem Trugschluss verfällt, dass Aktienpreisdynamiken objektiven Naturgesetzen gleichen, kommt man in Teufels Küche.

Im erfolgreichen Grundmodell der Finanzmarkttheorie ist das Bewegungsgesetz der Preise fest gegeben. In unserem Baum zeigte sich das darin, dass die Bewegung nach oben und unten um jeweils 5 Euro vorgegeben war. Im zeitstetigen Modell, das Black und Scholes verwendeten und welches auf Bachelier und Samuelson zurückgeht, ist das Bewegungsgesetz der Preise ebenfalls fest vorgegeben und wird gerade nicht aus dem Verhalten der Händler hergeleitet.[40]

Die eigentliche Finanzingenieurskunst besteht dann vor allem darin, Abwandlungen des einfachen Bewegungsgesetzes zu verwenden. Man vergisst darüber leicht, dass Preise eben nicht durch naturgesetzliche Dynamiken bestimmt sind. Viele Finanzingenieure schreiben den Preisen selbstständige Bewegungsgesetze zu, ohne sich der zugrunde liegenden Verhaltensweisen der menschlichen Akteure bewusst zu sein, die die Preise bestimmen. Dies wird besonders dann gefährlich, wenn man sich der Grenzen der eigenen Modelle bewusst sein muss. Ich hatte beim LIBOR schon den Fall besprochen, bei denen das Verhalten einiger einflussreicher Banken Preise (oder Zinssätze) direkt beeinflusst. In einem Modell sich selbstständig bewegender Preisprozesse kann ein solcher Einfluss nicht erfasst werden, ja, man ist sich dessen nicht einmal bewusst.

Dabei sind die Rationalitätsannahmen der Mikroökonomie, die diese Studenten für Schwachsinn handeln, wichtig, wenn man eine Fundierung für das Prinzip der Arbitragefreiheit erhalten will. In einer einigermaßen rationalen Welt gibt es wenig Arbitrage; in einer nur von Dummköpfen bewohnten Welt gibt es sehr viel Arbitrage. Die reale Welt liegt irgendwo zwischen diesen Extremen, und je elaborierter die Finanzmärkte sind, je näher kommen sie der Arbitragefreiheit.[41]

Nun sind viele dieser Programme wegen der benötigten mathematischen Vorkenntnisse an mathematisch orientierten Fakultäten angesiedelt; viele der alten Operations-Research-Departments, aber auch Departments for Applied Mathematics oder Statistics bieten solche Kurse an. Da Civil Engineering an Attraktivität und an wissenschaftlichem Drive verlor, wurden in den USA vielerorts solche Departments in »Financial Engineering« umbenannt. Im Amerikanischen haftet dem Begriff »Engineering« durchaus etwas Anrüchiges und Zweideutiges an – ein Hauch von Trickserei und Betrug schwingt dabei mit. Das stimmt auch ein wenig: Denn hier trafen die Neigungen der Studierenden mit den Vorlieben der Dozenten zusammen, wenn diese aus der Mathematik, Statistik oder Physik kamen und die Wirtschaftswissenschaft nicht kannten oder von den Ökonomen nicht viel hielten.

Ein typisches Masterprogramm für Financial Engineering
enthält folglich zu wenig an Ökonomie. Die Studierenden erhalten eine üblicherweise hervorragende Ausbildung in der
Theorie der stochastischen Prozesse sowie ihrer Numerik und
Simulation. Hinzu kommen die entsprechend benötigten
Kenntnisse in Statistik, die man benötigt, um Schätzungen der
Parameter durchzuführen (oder auch um zu »kalibrieren«). Da
ein Master in zwei Jahren abgeschlossen sein muss, reicht
die Zeit gerade noch, um die Finanzmathematik zu lernen, in-
soweit sie eben rein mathematisch behandelt werden kann.[42]
In der Konsequenz erhalten wir Finanzingenieure ohne wirt-
schaftliche Urteilskraft.

Makroökonomie: Astronomie mit genau einem Stern

Nachdem ich mich über die mangelnde Urteilskraft der Finanzingenieure beklagt habe, wollen wir überlegen, warum die oft
hochbegabten jungen Studenten des Fachs so schnell die ökonomische Theorie abtun und mit ihr nichts zu tun haben wollen. Dies könnte nämlich am Zustand der Wirtschaftstheorie
selbst liegen. Bevor Sie sich aber auf ein fröhliches Bashing
meiner Kollegen freuen, ein Wort zur Warnung: Ich werde der
Letzte sein, der die Wirtschaftstheorie zur Seite schieben will.
Ich will vielmehr zeigen, wie sie uns schon jetzt von großem
praktischem Nutzen sein kann; für unser Jahrhundert wird sie
von entscheidender Bedeutung sein. Nichtsdestotrotz müssen
wir uns nun erst einmal ihren Schwächen zuwenden.

Unsere Gesellschaft finanziert Hunderte von wirtschaftswissenschaftlichen Lehrstühlen und eine Reihe von Wirtschaftsforschungsinstituten, die nicht gerade billig sind; es ist daher
verständlich, dass eine gewisse Unzufriedenheit mit der Zunft

der Ökonomen herrscht, welche die Krise weder vorhergesagt noch zunächst recht verstanden haben. In der gegenwärtigen politischen Diskussion kann man zudem den Eindruck gewinnen, dass es für jede mögliche Politik auch einen Wirtschaftswissenschaftler gibt, der bereit ist, sie zu unterstützen. Kaum einer dieser Ökonomen agiert als *Wissenschaftler*, wenn er in den Nachrichten Statements von sich gibt. Man bekommt dort lediglich die Meinung eines einigermaßen gebildeten Menschen, ohne dass er sich auf eine wissenschaftliche Basis stützte – dessen sollten sich Journalisten wie Zuschauer bewusst sein.

Nun ist es mit der exakten Vorhersage einer Explosion so eine Sache; man würde ja auch nicht gleich die theoretische Physik verwerfen wollen, nur weil sie einen Ausbruch des Vesuvs nicht präzise vorhersagen kann. Allerdings gibt es für den Mangel an Weitsicht, die Schwäche der Vorhersagen der Wirtschaftsinstitute sowie der Vielfalt der wirtschaftswissenschaftlichen Stimmen durchaus tiefere strukturelle Gründe.

Es würde zu weit führen, hier die gesamte Makroökonomie sowie die Modelle der Wirtschaftsforschungsinstitute aufzurollen. Dies mag einmal an anderer Stelle und in größerem Detail geschehen, muss dann aber notwendigerweise tiefer in die wissenschaftlichen Gründe und Abgründe eingehen. Ich erlaube mir aber, Ihnen kurz darzulegen, warum die Makroökonomie so große Probleme hat. Ich verwende und karikiere dabei eine Vorgehensweise, die eher noch zu den besseren der makroökonomischen Ansätze gehört, die sogenannte mikrofundierte Methode. Solche Modelle werden im Übrigen auch benutzt, um die Kosten der Klimaveränderung zu »berechnen«; die Dekonstruktion dieser Modelle und ihrer Vertreter steht noch aus.

Betrachten wir eine Gesellschaft wie die unsere, in der es etwa vierzig Millionen Haushalte gibt sowie etwa zwei Millionen Unternehmen, je nach Zählweise. Jeder dieser Haushalte hat ein eigenes Einkommen, das er für verschiedene Waren und Dienstleistungen ausgibt, nach seinen eigenen Vorlieben. Die Unternehmen produzieren eine Vielzahl von Waren, um, wie wir annehmen, Gewinn zu machen.

Um dies zu verstehen, gehen Wirtschaftswissenschaftler wie folgt vor: Man nimmt an, dass sich die Ziele der Unternehmen (Gewinn) und Haushalte (bestmögliches Leben) durch gewisse Zielfunktionen beschreiben lassen. Schon an diesem Punkt kann man einschreiten und grundlegende Kritik ansetzen; lassen Sie uns diesen Schritt aber einmal mitgehen. Wir schreiben also ein Modell mit vierzig Millionen Wirtschaftssubjekten und zwei Millionen Unternehmen auf. Ihr Verhalten beschreiben wir durch gewisse mathematische Gleichungen und anschließend berechnen wir die Preise, die sich im ökonomischen Gleichgewicht einstellen. Unmöglich, sagen Sie? Nicht so schnell. Es gehört zu den großen Leistungen der mathematischen Ökonomie des letzten Jahrhunderts, dass es gelungen ist, *im Prinzip* mit solchen Modellen umgehen zu können.

Ich gehöre noch zu den Glücklichen, die auf einem guten Gymnasium Abitur machen durften, wo neben Leistungskursen in Mathematik und Französisch sogar Wirtschaftswissenschaften im Abitur angeboten und recht gut unterrichtet wurden. Ich erinnere mich deutlich, wie mein Lehrer immer sagte: »Jetzt nehmen wir einmal an, dass sich alle anderen Umstände nicht ändern (»ceteris paribus« für uns Lateinschüler). Sonst können wir das Gleichgewicht nicht ausrechnen.« Damit lag mein Lehrer allerdings schon damals falsch. Meine Faszination war und ist immens, dass es mit Hilfe der modernen Mathematik gelingt, eben doch mit so vielen Gleichungen umzugehen und immer noch etwas beweisen und aussagen zu können.

Die entsprechende Theorie nennt sich die »Allgemeine Gleichgewichtstheorie« und gehört zu den elegantesten und schönsten Modellen der Wirtschaftstheorie. Man kann sie her-

vorragend benutzen, um gewisse philosophisch grundlegende
Fragen der Volkswirtschaftslehre zu klären. Welche Rolle spielen Preise, welche Rolle freier Wettbewerb? Ist etwa der freie
Wettbewerb Schuld an der Ungleichverteilung des Reichtums?
Welche Bedingungen sind nötig, damit Wettbewerb funktioniert? Wann führt ein freier Markt gerade *nicht* zu den erwünschten Ergebnissen? Eine klare und einigermaßen ideolo-
giefreie Diskussion über die großen alten Fragen nach dem
richtigen System der Wirtschaftsorganisation lässt sich auf
dieser Basis führen.

Allerdings werden wir in diesem Modell nicht ernsthaft den
Preis für Margarine berechnen wollen. Was die moderne Ma-
thematik hingegen liefert, sind gewisse strukturelle und quali-
tative Aussagen über eine solche Wirtschaft. Sie lauten zum
Beispiel: »Ein Gleichgewicht existiert.« Na prima, sagen nicht
nur Sie, sondern auch viele Studenten: Was hilft mir dies zum
Verständnis der Welt! Solche Aussagen sind aber für die
Grundlagen einer Wissenschaft ganz wesentlich; mit dem an-
gesprochenen Theorem wird eben bewiesen, dass eine freie
Wettbewerbsgesellschaft, in der Preise durch Angebot und
Nachfrage bestimmt werden, grundsätzlich möglich ist. Die
Idee von einem freien Spiel der Marktkräfte Angebot und
Nachfrage könnte ja auch mit Widersprüchen behaftet sein.
Die Volkswirtschaftslehre ist damit eine Gesellschaftswissen-
schaft, die zeigen kann, dass ihr grundlegendes Modell eine
solide Basis hat. Dies ist nicht das Schlechteste.

Ferner kann man gewisse qualitative Aussagen über die Verteilung der Güter treffen, beispielsweise dass grundsätzlich
freies Wirtschaften zu weniger Verschwendung im Sinne einer
effizienten Verwendung der Ressourcen führt. Dies ist dann
eben ein mathematisches Theorem und keine Ideologie; allerdings kann man natürlich die Annahmen bezweifeln. Das ist
gerade der Vorteil mathematischen Argumentierens, dass man
genau sieht, unter welchen Bedingungen eine Aussage gilt. So

ist es etwa so, dass bei öffentlichen Gütern freie Märkte nicht gut funktionieren, aber – und das ist eine neuere Einsicht – auch in einer Gesellschaft, in der Neid und Altruismus eine große Rolle spielen, würde eine Mehrheit gerne umverteilen.[43]

Das Modell der Allgemeinen Gleichgewichtstheorie liefert also einen guten Rahmen, in dem man sich gedanklich orientieren kann. Nun stellen Sie sich einmal vor, man habe Sie gerade zu einem Wirtschaftsweisen befördert oder mit der Leitung eines Wirtschaftsforschungsinstitutes beauftragt, und Sie sollen Deutschlands Wirtschaftswachstum vorhersagen. Sie kennen aber nur dieses komplizierte Modell. In diesem Modell kann man aber konkret kein Wirtschaftswachstum berechnen, da es viel zu komplex ist. Insbesondere die vierzig Millionen tendenziell verschiedenen Haushalte bereiten Ihnen großes Kopfzerbrechen.

Was können Sie tun? Sie haben eine gute Idee. Viel leichter wären Ihre Gleichungen, wenn es nur einen Haushalt gäbe. Nun können Sie die Gleichungen auf der Nachfrageseite Ihres Modells explizit lösen! Aus den Millionen sind ein paar kleine Gleichungen geworden; eigentlich haben Sie immer noch ein paar Probleme mit gewissen Nichtlinearitäten, da die unbekannten Variablen in komplizierter Form miteinander verknüpft sind. Auch hier treffen Sie ein paar Annahmen an die Gestalt der auftretenden mathematischen Funktionen, welche die Gleichungen lösbar machen.

Es bleiben aber selbst dann noch einige Parameter übrig, die sie nicht kennen. Sie kennen etwa die Präferenzen ihres Haushalts nicht, also seine Sparneigung, die Bereitschaft, für den Urlaub auf ein Auto zu verzichten (Substitutionsraten, technisch gesprochen) et cetera. Kein Problem! Unser einziger Haushalt ist ja nun identisch mit der gesamten Nachfrageseite der Gesellschaft und daher ist seine Nachfrage identisch mit der Gesamtnachfrage in Deutschland. Für die aggregierte Nachfrage liefert uns das statistische Bundesamt gute Daten, und wir können daher die Präferenzen unseres (fiktiven) Haushaltes schätzen.

Uff-uff, sagen an dieser Stelle nicht nur Karl Mays Helden, sondern auch viele Studenten, wenn sie von solchen Praktiken zum ersten Male hören. Die zukünftigen Finanzingenieure wenden sich kopfschüttelnd ab; die zukünftigen Wirtschaftspolitiker schaffen es irgendwie, sich selbst diese Methodik plausibel zu machen und in ihr eigenes Weltbild zu integrieren.

Nun denn; jetzt, wo wir einmal wissenschaftliche Sünder sind, können wir gleich weitermachen. Wir haben uns ja noch mit den zwei Millionen Unternehmen Deutschlands zu beschäftigen, deren einzelne Produktionsverfahren und Kapitalkosten wir auch nicht kennen (wobei hier im Allgemeinen viel bessere Daten vorliegen als bei den doch eher erratischen Haushalten). Wie bei den Haushalten nehmen wir einfach an, dass es nur ein Unternehmen gibt, die »Deutschland GmbH«, wenn Sie so wollen, und schon haben wir ein Modell der deutschen Wirtschaft, das wir für unsere politischen Aufgaben als Grundlage benutzen können. Die Deutschland GmbH produziert für die Deutschland WG; ich vermute einmal, dass die marxistisch geprägten Denker unter meinen Lesern, falls es sie geben sollte, nie geahnt hätten, wie nah das Grundmodell der Wirtschaftspolitik an ihrer Utopie ist (oder war). Wenn das mal nicht schiefgeht, sagen Sie, und warum sollte ich Ihnen widersprechen?

In meinen Vorlesungen spreche ich gerne von »Astronomie mit einem Stern«. Es ist, als wären den Physikern Modelle mit einer Sonne und einem Planeten zu kompliziert geworden wegen der schwierigen Bahngleichungen. Also nimmt man an, dass es nur eine Sonne, aber keine Planeten gibt. Die Sonne ruht in sich selbst, immer im Gleichgewicht und ist gut vorherzusagen.

Moment einmal, wenden Sie ein: So ist es ja auch nicht. Wir haben doch einen Haushalt, die Deutschland WG, und eine

Firma, also immerhin zwei Akteure! Ach, wenn es denn so wäre. Die Firma, so nimmt man oft an, gehört der Deutschland WG, die zugleich über die Produktionskapazitäten der Deutschland GmbH verfügt und für sich selbst produziert. Deutschland WG und Deutschland GmbH sind dann identisch. Eine Sonne, immer im Gleichgewicht. Kurzum:

Das Grundmodell der Makroökonomie arbeitet mit zu vielen extremen Vereinfachungen.

Vielleicht sind Sie als Leser nun skeptisch. Mag ja sein, dass in trockenen Lehrbüchern mit solch simplen Modellen gearbeitet wird. Aber die Wirtschaftspolitik wird doch sicherlich von ausgewiesenen Experten beraten, die viel bessere Modelle entwickeln und bewerten können? Leider ist das nicht so. Natürlich sind viele Modelle etwas komplexer heutzutage, als ich es in meiner Karikatur darstelle. Aber erstens sind auch diese Modelle viel zu simpel, und zweitens gehören Modelle mit einer Sonne, wie ich sie dargestellt habe, nicht der Vergangenheit an, sondern sind immer noch das aktuelle Instrumentarium politisch beratender Makroökonomen. Gerade in diesem Jahr habe ich erst wieder einen Vortrag eines internationalen Kollegen, der sogar die Regierung seines Heimatlandes berät, gehört, in dem an Hand eines solchen Modells »bewiesen« wurde, dass höhere Energiepreise gut für das Wachstum sind. Man kann mit solchen Modellen, wenn man sie passend baut, mal schnell herausfinden, was die Politik gerne hören möchte.

Prognosen: Warum Forschungsinstitute versagen

Konjunkturforschungsinstitute gibt es seit knapp einhundert Jahren; sie wurden in der Zeit nach dem Ersten Weltkrieg in den entwickelten Ländern gegründet. Im Moment stehen sie wieder einmal in der Kritik, und Zeitungen wie Comedians landen leicht einen Lacher, wenn sie die Ökonomen und ihre Vorhersagen verspotten. Man muss allerdings zwischen den Ökonomen als Wissenschaftlern und den Ökonomen als Konjunkturforschern unterscheiden, auch wenn dies den Medien nicht bewusst und den Konjunkturforschern nicht recht ist.

Für die öffentliche Diskussion scheint es mir wichtig herauszuarbeiten, warum die Prognosen im Allgemeinen so schwierig und gerade die Vorhersage einer Finanzkrise mit den verwendeten Modellen unmöglich ist. Zum einen liegt dies an den verwendeten Modellen, die einfach zu weit, wenn nicht unendlich weit von der Realität entfernt sind, wie wir an Hand meines karikierten Makromodells gesehen haben. Zum anderen gibt es tiefere wissenschaftstheoretische Gründe dafür, dass man eventuell den heroischen Versuch der Konjunkturforscher, ganze Nationen wie Deutschland oder gar komplexere Gebilde wie die Europäische Union, ganz zu schweigen von der Weltwirtschaft, exakt vorhersagen zu wollen, ad acta legen muss.

Meine Behauptung ist, dass die Wirtschafts*prognose* mit wissenschaftlicher Genauigkeit unmöglich ist. Wir wollen einmal sehen, ob ich Sie davon überzeugen kann. Beginnen möchte ich mit einem Zitat:

»Sollen die Institute und Agenturen, die sich gegenwärtig mit der Prognose befassen bzw. gedenken, nachdem sie mehr Material aufgesammelt haben oder irgendeine tückische mathematische ›Methode‹ erfinden, die ›garantiert sicher‹ oder ›völlig neu‹ sei, ihre Prognose auszubauen, ihre Arbeit einstellen? Sie sollen die Prognose aufgeben.«

Natürlich bin ich nicht der Erste überhaupt, der die These ver-
tritt, dass ökonomische Prognosen nicht viel wert sind, aber ich
bin eben auch nicht der erste *Ökonom*, der darauf hinweist, was
wichtiger ist, denn bei obigem Zitat handelt es sich um die
Worte eines Vertreters der Wissenschaft selbst, der grundsätzlich die Möglichkeit der Prognose einer gesamten Wirtschaft
in Frage stellt.

Wann aber wurden diese Sätze geschrieben? In der jetzigen
Krise oder vielleicht in den siebziger Jahren des 20. Jahrhunderts oder, wie der etwas komplexe Satzbau andeutet, noch
früher? Die vielleicht überraschende Antwort lautet: 1928,
kurz nach der Gründung der ersten Konjunkturforschungsinstitute! Die Worte stammen von Oskar Morgenstern, einem
wichtigen, in Deutschland geborenen und in Österreich aufge-
wachsenen Wirtschaftstheoretiker; er verbrachte ab den drei-
ßiger Jahren des letzten Jahrhunderts die späten Jahre seines
Lebens aus bekannten Gründen lieber in Princeton als in Wien.
Zusammen mit dem Jahrhundertgenie John von Neumann begründete er die Spieltheorie, verfasste aber auch als Erster eine
sehr schöne Kritik der Konjunkturprognosen, die leider mehr
oder weniger vergessen ist. Lesen wir also bei Oskar Morgenstern weiter:[44]

> »Sie sollen die Prognose aufgeben. Das ist die eine Lehre,
> die mit aller Deutlichkeit gezogen werden kann. Diese not-
> wendig zum Versagen verurteilten Dilettantismen, die sich
> mit dem gern gesuchten Mantel der Wissenschaftlichkeit
> umkleiden, diskreditieren die Wissenschaft und in deren
> Interesse sollte die *communis opinio* der wirtschaftstheore-
> tisch Gebildeten diesen Instituten – solange sie sich auf die
> Prognose versteifen – den Wind aus den Segeln nehmen.«

Die Kritik an den Prognosen ist also so alt wie diese Prognosen
selbst. Zum ersten Mal »versagten« die Konjunkturforscher
bei der Weltwirtschaftskrise der zwanziger Jahre; wenn wir

aber Morgenstern ernst nehmen, ist es vielmehr so, dass sie eigentlich immer »versagen« – nur haben sie das Glück, dass es in den guten Zeiten niemandem auffällt. Es geht ihnen da wie den Meteorologen, über die man nach Stürmen, die sie nicht haben kommen sehen, eher schimpft als nach schönem Sonnenschein. Die Wirtschaftsprognostiker aber sind in einer ungleich schwierigeren Situation als die Wetterforscher, die es schon nicht besonders leicht haben.

Morgenstern blieb natürlich nicht der Einzige, der die Prognosepraktiken als unwissenschaftlich kritisierte. In der Tat ist es für viele Theoretiker, die ernsthaft an ihrer Wissenschaft interessiert sind, unerträglich, wie der von Morgenstern erwähnte »Mantel der Wissenschaftlichkeit« und – das muss man dieser Tage hinzufügen – die Maskerade eines wissenschaftlichen Titels in der Öffentlichkeit missbraucht werden.

Die Prognosen aber haben die zwanziger Jahre überlebt, sie haben die siebziger Jahre überlebt (denn bei der Vorhersage der Ölkrise lagen die Institute ebenfalls ziemlich daneben, was vermutlich die meisten vergessen haben dürften), und ich vermute, dass sie auch die jetzige Krise überleben werden. Mir ist es aber wichtig, dass die Theoretiker nicht nur untereinander und unter der Hand auf die kruden Methoden der Prognostiker schimpfen, sondern dass wir es wagen, unsere Gedanken und Argumente öffentlich zu äußern.

Modelle ohne Finanzmärkte

Warum aber funktioniert die Prognose nicht? Bevor ich ins Grundsätzliche gehe, lassen Sie mich mit dem Offensichtlichen beginnen, das die jetzige Krise kennzeichnet: Die Modelle der Wirtschaftsforschungsinstitute enthalten keinen Finanzmarkt; und da ich mir Sorgen mache, dass Sie zu schnell lesen, wiederhole ich diesen Satz noch einmal: die Modelle der

Wirtschaftsforschungsinstitute enthalten keinen Finanzmarkt. Wie bitte, gar keinen Finanzmarkt?

Nun, gewisse makroökonomisch für wichtig gehaltene Größen kommen in den Modellen vor, die Wechselkurse etwa, das Zinsniveau, eventuell ein paar Parameter über den Kapitalmarkt im Allgemeinen. Es fehlen aber individuelle Banken, besonders die Investmentbanken; auch die Regulierung des Bankensektors taucht in den Modellen nicht auf, von Value at Risk ganz zu schweigen. Natürlich gibt es auch keine Ratingagenturen und Derivate und auch keine »kleinen« Firmen oder Haushalte. Wie ich weiter oben erläuterte, werden Firmen und Haushalte gerne aggregiert betrachtet – die Deutschland WG und die Deutschland GmbH können aber nicht Bankrott gehen, während dies bei echten Unternehmen und Haushalten durchaus möglich ist. Implizit oder auch ganz explizit wird unterstellt, dass die Finanzmärkte so gut funktionieren, dass man sie ignorieren kann, weil sie Risiken und Chancen ökonomisch perfekt, »effizient«, verteilen. Aber:

Wer den Finanzmarkt nicht im Modell hat,
kann eine Finanzkrise nicht kommen sehen.

Falls Sie das noch nicht wussten, ist hier ein guter Zeitpunkt für eine weitere Lektürepause. Denn darüber muss man erst einmal reden, wenn man es zum ersten Male hört. Als ich von der Mathematik in die Wirtschaftstheorie wechselte, bekam ich immer ein gehöriges Ohrensausen ob des Vertrauens der Wirtschaftspolitiker in die Effizienz der Finanzmärkte. Mathematik ist da übrigens ganz hilfreich: Wir haben ja im Kapitel über die Finanzmathematik gesehen, dass es natürliche Grenzen der perfekten Absicherung gibt, auf die man sofort trifft, wenn man das Grundmodell mit dem einfachen Atom ändert. Ohne dass ich dies ausführlich diskutiert hätte, kann man weitergehen und in einem ökonomischen Modell zeigen, dass Finanzmärkte im Allgemeinen in einer solchen Situation nicht effizient sind.

Hier sehen wir wieder einmal den Gewinn, den man auf wirtschaftstheoretischer Ebene durch Mathematik erzielt. Politisch oder philosophisch geprägte Diskussionen über den Finanzmarkt, so anregend sie auch sein mögen, müssen doch immer vage und unklar bleiben, und man kann sich nicht recht einig werden, welche Seite Recht hat. Mit Hilfe der Mathematik erhält man ganz klare Aussagen: Wenn die Welt sich durch ein einfaches Baummodell beschreiben lässt, sind die Kapitalmärkte perfekt und effizient, sonst eben nicht. Auf dieser Basis ist eine fruchtbare Diskussion darüber möglich, ob das Baummodell geeignet ist: Wenn wir eine konkrete Option auf eine liquide, altbekannte Aktie handeln, wird das Modell recht gut sein. Wenn wir aber über die gesamte Wirtschaft reden, ist das Modell natürlich unvollkommen. Im Prinzip sagt die mathematische Analyse Folgendes: Der Kapitalmarkt ist effizient, wenn jede Ursache von Risiko durch Versicherungen abgedeckt wird. Man kann sich also beispielsweise dagegen absichern, dass die Hauspreise in Wiesbaden in zwanzig Jahren fallen oder sogar dass der Wert meines Hauses in zwanzig Jahren fällt.

Nun kann man natürlich auf die offensichtlichen Mängel der alten Modelle reagieren, was gegenwärtig in den Instituten auch passiert. Da man bisher den Finanzmarkt fälschlicherweise ignoriert hat, sollte man ihn nun wohl ernst nehmen und in die Modelle einbauen. Das wird die Probleme allerdings nicht lösen. Die nächste Krise wird kommen, aber sie wird andere Gründe als die letzte haben. Das Grundproblem ist ein anderes: Die Modelle der Prognose arbeiten stets mit hochgradig zusammengefassten (aggregierten) Daten und Akteuren, wie ich es im Kapitel über die Makroökonomie beschrieben habe. Krisen, die auf der individuellen, der Mikroebene ihren Ausgang nehmen, können dann nicht gesehen werden. Nicht in den Modellen enthalten sind etwa viele kleine politische Maßnahmen wie Steuergeschenke und Subventionen aller Art, die auch durchaus eine beträchtliche Rolle spielen.

Dies wird im Übrigen auch durchaus intern diskutiert. So verzichten manche Institute etwa auf die Schätzung der Daten des Baugewerbes, weil diese oft eher durch politische Steuerung als durch Wettbewerbsmodelle gekennzeichnet sind. Durch solche »Maßnahmen« wird allerdings manipulativ in das Gewerbe des wissenschaftlichen Schätzens eingegriffen, und man verlässt eigentlich den wissenschaftlichen Rahmen und betritt eher das Gebiet der »Expertenmeinung«. Mit solchen Meinungen, die bis heute Teil vieler Prognosemethoden sind, begibt man sich endgültig in unsichere Fahrwasser. Es gibt viele Arbeiten, die zeigen, dass man mit »Expertenmeinungen« im Allgemeinen weder Gewinne macht noch die Zukunft richtig voraussieht; es sind eben nur Meinungen. Nichtsdestotrotz wird weiterhin täglich ein »Experte« nach seiner Meinung zum Börsengeschehen oder zur Entwicklung der Weltwirtschaft befragt. Es scheint ein allgemeines Bedürfnis nach solchen Meinungen zu geben.

Auch aus anderen Gründen kommen wir aus den Problemen nicht heraus, selbst wenn es uns gelänge, ein komplexeres Modell, das die Mikroebene einbezieht, zu berechnen oder zu simulieren und zu schätzen; im Gegensatz zu den Zeiten Oskar Morgensterns ist dies heutzutage wegen der Möglichkeiten der Rechentechnik im Prinzip möglich oder scheint möglich zu sein. Gehen wir einmal diesen Schritt und stellen uns vor, wir hätten ein einigermaßen geeignetes Modell, das hinreichend gut die Komplexität unserer Wirtschaft abbildet, entwickelt und unsere Rechner seien leistungsstark genug, mit diesem Modell umzugehen. Doch auch dies wird nicht zur Prognose taugen. Denn es stecken immer noch zu viele Annahmen im Modell, die empirisch nicht gerechtfertigt sind und daher das Modell als Basis empirischer Arbeit ungültig machen.

Die Rolle der Rationalität

Eine wichtige Annahme ist die Rationalität aller handelnden Akteure. Fast die gesamte ökonomische Theorie beruht darauf; ich würde sogar sagen, dass ökonomische Theorie eigentlich die Analyse rational handelnder Individuen ist. Um Missverständnissen vorzubeugen: Ich gehöre nicht zu den Wissenschaftlern, die diese Annahme ganz aus der Wirtschaftswissenschaft entfernen wollen. Im Gegenteil: Für das Design guter Finanzmarktinstitutionen ist es wichtig, dass wir rationale (und das heißt intelligente und am Eigennutz orientierte) Händler verstehen. Denn wir wollen ja in Zukunft Regeln des Finanzmarktes finden, die auch von intelligenten Finanzmathematikern nicht ausgetrickst werden können.

Anders ist es bei makroökonomischen Modellen, mit denen ich die Realität beschreiben will. Wer von uns würde von sich selbst behaupten, dass er die nächsten zehn Jahre wirtschaftlich perfekt vorausgeplant hat und alle Eventualitäten im Griff hat? Finanzberater reden dies ihren Kunden gerne ein. Aber wir alle wissen, dass große Entscheidungen wie eine Heirat oder ein Hauskauf oft aus anderen Gründen als rein rationalen getroffen werden (obwohl uns das oft genug teuer zu stehen kommt). Es ist in den letzten Jahren geradezu ein Sport geworden, der sich Verhaltensökonomie nennt, so genannte Anomalitäten, also Abweichungen vom rationalen Verhalten empirisch im Labor zu dokumentieren. Aber auch hier gilt:

Modelle mit rational die ferne Zukunft antizipierenden Agenten sind nicht zur Prognose geeignet.

Es gibt also grundlegende Probleme, die überhaupt Modelle mit starken Annahmen an die Rationalität der Individuen als Werkzeug der Vorhersage in Frage stellen. Die Verhaltensökonomie mag eines Tages eine bessere Alternative liefern; bislang ist ihr dies allerdings nicht gelungen. Ich bin da sowieso skeptisch: Die Verhaltensökonomie, die viel älter ist, als ihre jungen heutigen Stars gerne glauben machen, hat es in fünfzig Jahren nicht geschafft, außer einer Ansammlung hübscher Einsichten in das wirkliche Verhalten von Menschen eine Theorie zu finden. Ein wesentlicher Kritiker der Rationalitätsannahmen und Befürworter anderer, eher psychologischer Ansätze war etwa Herbert Simon, der schon in den fünfziger Jahren wichtige Impulse gab; ferner ist auch Reinhard Selten zu nennen, der schon seit den siebziger Jahren sowohl über rationale wie auch andere Verhaltensannahmen schreibt. Beide erhielten übrigens den Nobelpreis für Wirtschaftswissenschaften. Es ist also nicht richtig, wenn heute gerne behauptet wird, dass die Verhaltensökonomie neu sei.

Feedback-Effekt:
Prognosen scheitern an ihren Vorhersagen

Nun denn; nehmen wir einmal an, wir bekämen auch das Problem der rationalen Erwartungen in den Griff und hätten bessere Modelle, die das Verhalten der Haushalte und Firmen empirisch einigermaßen korrekt beschrieben. Auch dann kämen wir nicht weiter. Es existieren noch viele weitere Mauern, die zu überwinden wären; man mag mich eines Tages eines Besseren belehren, aber im Moment sehe ich nicht, wie man die Mauern erklimmen wollte.

Eine dieser Mauern ist der Feedback-Effekt der Prognose, auf den im Übrigen auch schon Oskar Morgenstern hingewiesen hat. Was ist das? Prognosen sagen ein von Menschen bevölkertes System vorher, kein naturgesetzlich determiniertes Laborexperiment. Eine Vorhersage ist, wenn sie interessant sein soll, immer eine öffentliche Vorhersage, die von Politikern benutzt und von Zeitungen prominent veröffentlicht wird. Damit beeinflusst die Vorhersage selbst das Verhalten der Menschen: Wird etwa eine schwere Rezession vorhergesagt, passen die vorsichtigen Haushalte sofort ihre Konsumplanungen an und stellen den Urlaub auf den Malediven zurück. Werden hingegen rosige Zeiten vorhergesagt, beginnen die Haushalte, auf Kredit zu leben (und verspielen damit eventuell die rosigen Zeiten). Die Prognose verändert damit das Verhalten der Wirtschaftsakteure so stark, dass ihre eigenen Annahmen hinfällig und widerlegt werden. Anders ausgedrückt:

Prognosen scheitern an ihren eigenen Vorhersagen.

Im Prinzip können wir solche Feedback-Effekte in das Prognosemodell selbst einbauen. In der Theorie ist das richtig; auf mathematischer Seite führt das zu schönen – das heißt für den Mathematiker: schwierigen und interessanten – Fixpunktproblemen für stochastische Dynamiken. Die Wirkung der Vorhersage würde in das Modell der Vorhersage eingebaut; was wie ein infiniter Regress (ein Zirkelschluss, den man nicht lösen kann) aussieht, lässt sich durchaus auflösen: Man müsste eine Prognose finden, die sich selbst bestätigt, im Sinne der vom Soziologen Robert K. Merton, welcher der Vater des oben erwähnten Ökonomen Robert C. Merton ist, erfundenen »self-fulfilling prophecies«.

Aber kann dies empirisch klappen? Wollte man den Effekt der Prognose mit diesen Methoden selbst prognostizieren? Hierzu müsste man in Zahlen beschreiben können, welchen Einfluss eine Prognose auf die Erwartungen von Menschen haben. Man kann es versuchen, aber die Ungenauigkeiten der empirischen Verfahren würden weiter gesteigert. Gerade die Erwartungen der Haushalte sind extrem subjektiv und lassen sich auch nicht einfach zu einer »Deutschland-Erwartung« zusammenfassen, ohne dass man wieder beträchtliche Fehler des Modells riskierte. Für die praktische Anwendung entfällt dieser Ausweg daher ebenfalls.

Nicht-Stationarität:
Innovationen sind unabhängig von der Vergangenheit

Man kann auf diese theoretischen Problem wie folgt reagieren: Offensichtlich schafft es die ökonomische Theorie nicht, ein geeignetes Modell zur Beschreibung des mikroökonomischen Verhaltens der Akteure zu liefern – dann eben nicht. Wir kennen ja aus der volkswirtschaftlichen Gesamtrechnung – eine Art Buchhaltung für den Staatshaushalt – gewisse Gleichungen, die per Definition gelten müssen. Lassen Sie uns doch einfach zusätzlich beliebige Gleichungen zwischen den verbleibenden Größen hinschreiben, ohne dass wir hierzu eine Theorie postulierten: Wir schätzen die Zusammenhänge; die Daten sollen uns die Theorie liefern. In den sogenannten vektorautoregressiven Modellen werden gewisse Beziehungen zwischen Volkseinkommen, Arbeitslosenrate, Wachstum usw. postuliert und geschätzt. Die geschätzte Gesetzmäßigkeit wird dann in die Zukunft fortgeschrieben. Aber immer noch gibt es fundamentale Gründe dafür, dass solche Modelle versagen.

Zum ersten unterstellen sie eine gewisse Gleichförmigkeit der Welt. Statistisch gesprochen benötigen diese Modelle die Annahme der Stationarität, auf die wir bereits getroffen sind, als wir die Probleme beim »Kalibrieren« finanzmathematischer Modelle besprochen haben. Wenn man mit den Daten der Vergangenheit die Modellparameter schätzt, benutzt man die Vergangenheit, um die Zukunft vorherzusagen. Das ist natürlich kein Problem, wenn man es mit naturgesetzlichen Ursache-Wirkungsketten zu tun hat, obwohl man selbst dort gut aufpassen muss, dass sich relevante Umgebungsdaten nicht ändern. Sie erinnern sich vielleicht an das Beispiel der Sonnenblumen in Niedersachsen beziehungsweise in Griechenland aus Kapitel 4.

In der Wirtschaftswelt kann das aber nur funktionieren, wenn keine Innovationen auftreten. Eine eigentliche Innovation besteht ja darin, dass etwas grundlegend Neues erfunden wird, was die Welt verändert. Solche Innovationen sind aber gerade nicht in den Daten der Vergangenheit enthalten. Nun könnte man auf die Idee kommen, dass sich solche Innovationen durch Zufallsterme beschreiben lassen, wie sie die Ökonometer standardmäßig im Modell haben. Aber echte und gelungene wirtschaftliche Innovationen führen eben nicht zu zufälligen Schwankungen um einen bekannten Mittelwert herum, sondern zu Brüchen zum Beispiel in der Arbeitswelt, in der Nachfrage der Konsumenten oder in der Technologie.

Um ein einfaches und positives Beispiel zu geben: Kein Prognoseteam der Welt hat den Erfolg der Tablet-Computer, insbesondere von Apples iPad, vorhergesehen. Kein ökonometrisches Modell kann solche Innovationen erfassen. Solche Innovationen bestimmen aber gerade in einer dynamischen kapitalistischen Volkswirtschaft den Gang der Dinge. Wie immer man also die scheinbar theoriefreien ökonometrischen Modelle aufsetzt, sie sind grundsätzlich nicht zur Prognose geeignet.

Die wesentlichen Innovationen einer Wirtschaft sind unabhängig von der Vergangenheit und damit durch statistische Methoden nicht vorhersagbar.

Die eben angesprochene Stationarität hat übrigens eine weitere, zu wenig diskutierte Konsequenz. Stationäre Modelle haben eine Gleichgewichtsverteilung, gegen das sie üblicherweise relativ schnell streben. Es gibt eigentlich immer nur zeitweilige Abweichungen von einem Mittelwert, zu dem das System immer wieder schnell zurückstrebt.

Sie können sich das etwa so wie das Wetter auf den Azoren vorstellen: Dort herrscht bekanntlich ein sehr ausgeglichenes, konstant schönes Klima. Ab und zu gibt es ein Gewitter oder einen Sturm, aber das ist sehr selten. Somit ist es eigentlich immer am besten, auf den Azoren schönes und mildes Wetter vorherzusagen, denn dann wird man in den meisten Fällen richtig liegen. So ähnlich ist es bei stationären Modellen: Man wird immer dazu neigen, Vorhersagen in Richtung des Gleichgewichtes zu treffen. Was ergibt sich hieraus? Ganz klar: Man verpasst eben die Krise, weil der Begriff der Krise ja gerade bedeutet, dass etwas Unvorhergesehenes, Ungleichgewichtiges passiert. Aus der Stationarität der Modelle folgt also, dass man plötzliche Änderungen nicht rechtzeitig erfassen kann.

Es gibt im Übrigen eine ganze Reihe weiterer fundamentaler Schwächen der Zeitreihenmodelle. Ein eher technisch anmutendes Problem, das aber ähnlich fundamental ist wie Value at Risk im Bereich der Regulierung, ist die Nichtlinearität der Zusammenhänge. Die statistischen Methoden der Ökonometer unterstellen, dass lineare Relationen zwischen den Größen vorliegen. Eine lineare Beziehung besteht etwa, wenn sich bei verdoppelten Preisen die Nachfrage stets halbieren würde. Die klassische Physik ist in dieser Hinsicht auf bemerkenswerte Weise linear. Leider sind aber gerade in ökonomischen Modellen die Beziehungen stark nichtlinear.

Hierdurch entstehen theoretisch große Fehler bei der Schätzung der Modelle. Solche Effekte wurden in der populären Literatur zur Chaostheorie anschaulich erläutert. Wenn man an ein lineares Modell glaubt, aber ein nichtlineares Modell vorliegt, kann man stabile Verhältnisse vorhersagen, während ein Schmetterlingsschlag das System zusammenbrechen lässt. Solche Schmetterlingseffekte, die ursprünglich von Meteorologen diskutiert wurden, spielen gerade bei Krisen und innovativen Neuentwicklungen eine große Rolle. Da ich aber schon genügend andere Probleme identifiziert habe und die Nichtlinearität *im Prinzip* in die Modelle aufgenommen werden könnte, belasse ich es an dieser Stelle mit dem Hinweis auf die potenziellen Probleme und Ungenauigkeiten, die entstehen können.

Finetuning: Manipulation von Daten

Als letztes schwerwiegendes statistisches Problem erwähne ich noch die Unzulänglichkeit des Datenmaterials. Es ist gar nicht so leicht, gute Daten über die Wirtschaft zu erhalten. Ein Physiker beklagte sich mir gegenüber einmal, dass er eine Woche lang an einem Experiment gearbeitet hätte und dann hätte eine Hilfskraft im falschen Moment gehustet – seine gemessenen Daten seien nun wertlos, sozusagen »verhustet«. Ich antwortete fröhlich, dass wir solche Probleme auch aus den Wirtschaftswissenschaften kennen würden, da dort aus der Natur der Sache die Daten immer recht ungenau gemessen und verhustet seien. Der Physiker antwortete mir mürrisch, dass die Wirtschaftsdaten eigentlich gar keine wissenschaftlich verwendbaren Daten seien.

Ich will nicht päpstlicher als der Papst sein, aber es ist und bleibt ein Problem, dass die Daten über das Verhalten der Haushalte eben nicht in einem kontrollierten Experiment gewonnen, sondern aus der Wirklichkeit abgelesen werden. Im Prinzip geht es uns wie den Physikern zu Zeiten des Aristoteles, die aus der Kontemplation der Natur versuchten, das Wesen der Welt zu ergründen. Erst in der Renaissance wurde klar, dass man die Naturgesetze aus der Natur herauszwingen muss, indem man sie in einem kontrollierten Rahmen beobachtet, dem Labor.

Vielleicht reicht es Ihnen an dieser Stelle mit den Schwächen und Unzulänglichkeiten der Prognosemodelle, aber wir sind noch nicht fertig. Denn es kommt noch schlimmer: Die Vorhersagen werden manipuliert. Ich hoffe, ich komme Ihnen nicht langsam wie ein Verschwörungstheoretiker vor – nein, es sind nicht die Tempelritter, die das ifo-Institut unterwandert haben und nun böse die Zukunft der deutschen Wirtschaft steuern, und weder CIA noch Mossad haben die Hände im Spiel. Obwohl ich zugebe, dass es Ihnen vielleicht so vorkommen mag, als wollte ich einem an Boden liegenden Gegner noch böse nachtreten, lassen Sie mich nichtsdestotrotz diesen Punkt noch machen.

Unter Manipulation verstehe ich nicht die Verfälschung der Daten in böser Absicht – auch wenn das immer wieder vorkommen mag. Das Problem liegt woanders: In den meisten ökonometrischen Modellen, die zur Prognose verwendet werden, gibt es viel zu viele unbekannte Parameter. Viel zu viel bedeutet hier, dass es mit der vorhandenen Datenmenge nicht möglich ist, alle Parameter zu schätzen. Was tun? Nun, man kann manche Parameter einfach freihändig festlegen und schaut, welche Prognose das Modell liefert. Wenn einem die Prognose spanisch vorkommt, überlegt man sich, dass man den Parameter vielleicht nicht richtig eingeschätzt hat, und ändert ihn wieder. Mit diesem wiederholten Verfahren gelangt man dann in einer Mischung aus Alchemie und Wissenschaft zu einer Prognose, die plausibel erscheint. Dieses »Finetuning«, wie es von den Prognostikern auch genannt wird, wird meines Wissens üblicherweise nicht veröffentlicht; es käme vermutlich auch nicht gut an. Am Ende führt es dazu, dass die Prognostiker eher eine Mainstream-Vorhersage als eine große Krise vorhersagen; wenn ihr Modell sehr stark von den eigenen subjektiven Einschätzungen abweicht, vermuten sie, dass etwas an ihrem Modell nicht stimmt, und ändern die Parameter per Hand.[45]

Das Gutachten des Sachverständigenrates: Ergebnis von Verhandlungen

Zu guter Letzt: die deutsche Konjunkturprognose, das Gutachten des Sachverständigenrates. Diese Art des einheitlichen Gutachtens eines anerkannten Gremiums wurde mit guter Absicht in Deutschland eingeführt: Man wollte eine Vielfalt konkurrierender Prognosen vermeiden und sich als Staat auf eine fundierte und eindeutige Meinung stützen können.

Seit fast fünfzig Jahren legt dieses Gremium jährlich einen Bericht zur gesamtwirtschaftlichen Lage vor. Doch die Zahlen, die präsentiert werden, sind am Ende des Tages nicht mehr Ergebnis einer wissenschaftlichen Studie, sondern Ergebnis einer *Verhandlung*: Die Institute legen ihre gegenseitigen Vorstellungen auf den Tisch und bringen mehr oder weniger überzeugende Argumente für diese oder jene Vorhersage hervor, die oft genug von politischen oder ideologischen Überzeugungen getränkt sind. Das Gesetz zwingt sie dazu, sich auf eine Interpretation und eine Botschaft zu einigen, die als Weisheit des Sachverständigenrates veröffentlicht wird.

Das Gutachten des Sachverständigenrates ist Ergebnis einer Verhandlung.

Fazit: So haben Prognosen keinen Sinn

Wir fassen zusammen: Das Geschäft der Wirtschaftsprognose hat keine wissenschaftliche Basis. Es gibt wichtige wissenschaftstheoretische Gründe, die einer sinnvollen Prognose der Konjunkturentwicklung entgegenstehen. Darüber hinaus sind die gegenwärtig benutzten Methoden selbst in vielerlei Hinsicht unzureichend, ungenau und manipulierbar. Lassen Sie mich mit den Worten Oskar Morgensterns schließen. Soll der Sachverständigenrat weiterhin Prognosen abliefern?

Sie sollen die Prognose aufgeben.

Das Ende der Vorhersagen wird sich natürlich nicht so schnell einstellen. Eine ganze Branche beschäftigt sich mit der Konjunkturprognose und der Beratung der Politik. In gewisser Hinsicht ist eine solche Beratung notwendig und wünschenswert. Sie haben gemerkt, dass ich persönlich nicht glaube, dass Prognosen viel Sinn ergeben – gerade mit den jetzt verwendeten Methoden, aber auch grundsätzlich nicht.

Aber ich nehme mich selbst zurück, stelle mich auf die andere Seite und gebe zu, dass eine ganze Reihe hervorragender Denker sich mit den statistischen und ökonomischen Problemen beschäftigt haben. In gewisser Hinsicht ist die Theorie seit Morgenstern stark entwickelt und verfeinert worden. Das zeigt sich auch daran, dass einer der Vertreter solcher Theorie, Christopher Sims, kürzlich den Nobelpreis für Wirtschaftswissenschaften erhalten hat.[46]

In seiner Rede anlässlich der Verleihung des Preises erklärt Sims gut die Entwicklung der Theorie der empirischen Wirtschaftsforschung – gut für Wissenschaftler, für das allgemeine Publikum dürfte es eine der unverständlichsten Nobelpreisreden aller Zeiten sein. Zwischen den Zeilen sieht man sehr gut die Zweifel und Probleme, welche die Ökonometer zu immer weiteren Verfeinerungen ihrer Methoden getrieben haben. Die von Sims gepriesene Bayesianische Methode ist im Übrigen nichts weiter als eine wissenschaftliche Verbrämung des Finetunings. Aber ich wollte ja nicht mehr kritisieren, sondern positiv auf die Prognose blicken.

Ich würde gerne einen Punkt in Sims' Rede aufnehmen. Sims erwähnt den wichtigen norwegischen Ökonomen Trygve Haavelmo, der als erster erkannte, dass man, wenn überhaupt, die Wahrscheinlichkeitsverteilung der Wirtschaftsentwicklung bestimmen kann. Man kann also nicht sagen, dass das Wachstum 3 Prozent betragen wird, sondern in etwa: »Mit 90 Prozent Wahrscheinlichkeit liegt das Wachstum zwischen 2 und 3 Prozent. Es kann aber auch 1 Prozent betragen, allerdings mit einer Wahrscheinlichkeit von unter 8 Prozent. Auch ein Wachstum von 4 Prozent ist möglich, wobei wir dies für sehr unwahrscheinlich halten.«

Die Forschungsinstitute sollten daher nicht eine Zahl angeben, wie »Die Arbeitslosigkeit wird bei 5,8 Prozent liegen« oder »wir rechnen mit einem Wachstum von 2,3 Prozent«, sondern es sollten für die interessierte Öffentlichkeit sogenannte Konfidenzintervalle angegeben oder Verteilungsaussagen getroffen werden. Ähnliches hat auch schon Kanzlerin Merkel, die ja früher in der Wissenschaft tätig war, gefordert. Das würde sich dann so lesen: »Mit hoher Wahrscheinlichkeit liegt das Wachstum zwischen 1 und 3 Prozent.« Glauben Sie mir, ich bin hier noch optimistisch; der Sachverständigenrat weiß, warum er keine Intervalle und keine Wahrscheinlichkeiten angibt. Mit hoher Sicherheit kann man nur sehr unscharfe Aussagen treffen. Diese, so die Angst der Prognostiker, würden aber die Medien nicht interessieren.

Wenn Prognosen trotzdem weitergeführt werden, sollten sie in Zukunft unbedingt die Wahrscheinlichkeitsverteilung ihrer Vorhersage angeben.

Mikroökonomie: zwischen Homo oeconomicus und »Brigitte-Research«

Die Mikroökonomie beschäftigt sich mit dem individuellen wirtschaftlichen Verhalten. Sie ist zu großen Teilen mathematisch formuliert und hat in den letzten etwa hundert Jahren eine sehr elegante Theorie der freien Märkte, des strategischen Verhaltens (Spieltheorie) sowie des Designs wirtschaftlicher Institutionen entwickelt (Mechanism-Design). Hier besteht an sich ein großes Potenzial, die gewonnenen Erkenntnisse für die Probleme, die sich aus der Entwicklung der Finanzmathematik und ihrem Aufeinandertreffen mit unvorbereiteten Regulierern und Märkten ergeben, anzuwenden. Leider ist dies bislang kaum der Fall.

Es gibt in der Mikroökonomie gerade in Deutschland viel zu viele Lehrstühle, die l'art pour l'art, Kunst um der Kunst willen, betreiben; als ich noch an der Universität Bonn lehrte, sagte mir einmal ein bekannter Mathematiker, dass in der Mikroökonomie »mit barocker Mathematik irrelevante Probleme« studiert würden. Das ist natürlich sowohl gut gesagt wie auch ein Vorurteil, aber wie so oft bei Vorurteilen hat es eine gewisse Basis. Der Vorwurf, dass die meisten Mikroökonomen die Mathematik leider nur auf dem Niveau des Barocks (also auf dem Niveau von Leibniz und Newton oder, anders gesagt, dem Niveau des Abiturs) beherrschen, dürfte in etwa zutreffen. Nun können Sie berechtigterweise fragen, warum man denn mehr verlangen sollte. Die Antwort liegt in der Komplexität der Probleme, um die wir uns zu kümmern haben. Was in der Mikroökonomie fehlt, ist die erfolgreiche Anwendung des Wissens über strategisches Verhalten rationaler Akteure auf wirklich komplexe Märkte wie es eben die modernen Finanzmärkte sind. Aber noch ist ja nicht aller Tage Abend.

In Ermangelung echten Fortschrittsgeistes beschäftigt sich eine Theorie allzu oft mit Verfeinerungen existierender, aber im Prinzip wohlbekannter Thesen und Theoreme. Um es klar und deutlich zu sagen: Ich halte es für ein Privileg der Universitäten, Grundlagenforschung betreiben zu dürfen, ohne an die Nützlichkeit denken zu müssen. Und wenn es für die Wissenschaft wichtig ist, einen Existenzsatz zu beweisen, soll sie dies auch weiterhin tun dürfen. Zuweilen geschieht es aber, dass ein gewisser Manierismus einsetzt, so dass in einem Gebiet strukturell ähnliche Theorien und Experimente wieder und wieder repetiert werden.

Allerdings gibt es auch einen anderen Trend in der Mikroökonomie, der zurzeit meiner Ansicht nach übertrieben wird. »Brigitte-Research« nenne ich diesen neuen Trend, der gerade in Deutschland weit verbreitet ist. Ein typisches »Forschungsresultat«, das gerne in Frauenzeitschriften wie *Brigitte*, aber natürlich auch entsprechenden Männerblättern wie *Men's Health* erscheint, wäre von der Art: »Sex vor dem Schlafengehen ist gesund für die Nachtruhe.« Wie Sie wissen, braucht man nicht lange zu suchen, um Beispiele zu finden. Ein Beispiel vom August 2012 lautet etwa: »Unter Stress finden Männer üppige Frauen attraktiver.« Ein weiteres Beispiel von Anfang 2013: »Männer, die zu Hause putzen, haben weniger Lust auf Sex.« Ob die Frauen dafür mehr Lust auf Sex haben, wurde leider nicht untersucht, soll aber, wie ich vermute, in einer aufwändigen Folgestudie beleuchtet werden. Untersuchungen dieser Art gibt es wie Sand am Meer, wie auch ihre Gegenstudien.

Sie werden nicht glauben, wie viele solcher Resultate in den »Top-Journals« der Ökonomen veröffentlicht werden. So wurde etwa gezeigt, dass viele Menschen nicht den richtigen Handy-Vertrag abschließen. Mit Fitness-Clubs verhält es sich ähnlich: Im Nachhinein erkennt man oft, dass man mit einem anderen Vertrag besser gefahren wäre oder eventuell gar nicht erst einen Zwei-Jahres-Vertrag mit dem Gym abgeschlossen hätte, wenn man eh nicht hingeht. Es gibt auch hochgelobte Experimente, die zeigen, dass Menschen unter Drogen- oder Hormoneinfluss ihr Verhalten ändern und nicht mehr vernünftig handeln. Wenn man das auf einer Party erzählt, wundern sich die nichtökonomischen Freunde, was alles so erforscht wird auf Staatskosten. Nach vier Bier oder einem gut inszenierten Auftritt einer schönen Frau sollte ein Mann kein Haus kaufen. Das muss man erst in einer aufwändigen Studie nachprüfen?

Wie konnte es bloß dazu kommen, dass die kühlen und trockenen Mikroökonomen sich solcher Boulevard-Forschung hingeben? Das hat mit einer interessanten Entwicklung und Verselbstständigung eines Modells zu tun, auf das wir ja schon des Öfteren getroffen sind, dem Homo oeconomicus. Der Homo oeconomicus ist ein einfaches Modell, das schon die klassischen Ökonomen benutzten, wenn sie das wirtschaftliche Verhalten erklären wollten. Er ist ruhig, sachlich, unbegrenzt begabt und macht keine Fehler. Natürlich ist kein Mensch so. Die Lektüre von Freuds *Psychopathologie des Alltagslebens* würde eigentlich hinreichend verdeutlichen, dass die »Vernunft« nur die Spitze des Eisbergs über einem Meer an Unvernunft ist. Mag sein, dass solche Dinge im Studium der Ökonomie zu wenig vorkommen; die meisten Wirtschaftswissenschaftler stehen Freud ohnehin ablehnend gegenüber. Wie immer man aber zur Theorie der Psychoanalyse als Wissenschaft steht, so muss man dem Wiener Arzt doch zugestehen, dass er die Tiefe der menschlichen Psyche besser verstanden hat als viele andere.

Die klassischen Ökonomen wussten dies natürlich auch. Der rationale Agent ist eben nur ein Modell – ein sehr restriktives dazu –, das die wesentlichen Aspekte wirtschaftlichen Handelns erklären soll. Um ein Beispiel von Adam Smith, dem schottischen Begründer der Volkswirtschaftslehre, aufzugreifen, können wir davon ausgehen, dass der Bäcker, der seine Brote an die Kunden verkauft, zunächst einmal seinen eigenen Gewinn im Sinne hat und nicht barmherzig seine Erzeugnisse verschenken will. Der Bäcker selbst ist natürlich nicht in allen menschlichen Situationen egoistisch oder, wenn er es ist, sollte er uns eher leidtun. Er hat hoffentlich Menschen, die er liebt und für die er sich einsetzt, Ideale, an die er glaubt, und vielleicht einen Sportverein, für den er unvernünftig viel Geld ausgibt oder andere Leidenschaften, die wir ihm gerne gönnen wollen. Außerdem ist der Bäcker schlau und erfahren genug, sein eigenes Geschäft zu verstehen. Wir können also ebenfalls davon ausgehen, dass er im Rahmen seiner Möglichkeiten versucht, Preise so gut wie möglich zu setzen und Produkte so geschickt wie möglich zu vermarkten. Er handelt also ökonomisch rational.

Dieses Modell eines egoistischen und rationalen Akteurs taugt recht gut, um Preisbildung auf Märkten und strategische Interaktion im Wettbewerb zu beschreiben. Schon hier ist es nicht vollkommen, so wie kein mathematisches Modell vollkommen ist – schon die mathematische Idealisierung eines Kreises ist in der Wirklichkeit nicht realisierbar.

Der Homo oeconomicus ist, wenn man so will, kreisrund; echte Menschen haben aber Ecken und Kanten. In den Wirtschaftswissenschaften haben die reflektierten und ehrlichen Forscher stets gewusst, dass das Modell des Homo oeconomicus die eben beschriebenen Grenzen aufweist. Aber es ist eben auch übertrieben ausgedehnt worden und dann dogmatisch erstarrt.

Gerade in der Makroökonomie hat sich das rationale Modell in absurder Weise durchgesetzt. Es wird unterstellt, dass die Haushalte und Unternehmer sich nicht nur in ihrem eigenen überschaubaren Bereich rational und egoistisch verhalten, sondern man unterstellt ihnen rationale Planfähigkeiten über das ganze Leben und alle Lebensbereiche hinweg, kombiniert mit den berüchtigten rationalen Erwartungen: Da die Zukunft unsicher ist, hat jeder Mensch gewisse Vorstellungen über das, was kommen wird. Es wird außerdem angenommen, dass diese Vorstellungen korrekt sind und beliebig komplexe Ereignisse umfassten. Der Bäcker verhält sich in seiner relativ überschaubaren Welt rational. Aber hat er die nächsten dreißig Jahre seines Lebens perfekt geplant? Antizipiert er korrekt, wann seine Kinder studieren werden, wann seine Frau sich von ihm trennt, wann die Bundeskanzlerin abgewählt wird, welche Politik sich dann einstellen wird, ob eine Inflation kommt, was mit den Weltpreisen für Weizen passiert? Nein, natürlich nicht. Es wird vielmehr sinnvoll für ihn sein, sich über all diese Dinge nicht allzu viele Sorgen zu machen und zunächst einmal seinen eigenen Betrieb in Schuss zu halten. Den Rest wird man sehen.

So setzte sich in großen Teilen der Wirtschaftswissenschaften ein dogmatischer Glaube an das Modell des rationalen Agenten, wie es auch genannt wird, durch, und man benutzte es, um die Wirklichkeit zu beschreiben. Schon der große mathematische Ökonom Gérard Debreu wusste allerdings, dass es sich hierbei um, »heroische« Annahmen an das Vermögen der Menschen handelt.

Kein mit Urteilskraft begabter Mensch hat je geglaubt, dass reale Menschen diesem überdehnten Modell des Homo oeconomicus entsprechen. Poker- und Schachspieler, die *während des Spiels* noch am ehesten dem Modell des rationalen Egoisten entsprechen, wissen, dass sie sich nicht ablenken lassen und den »normalen« Menschen mit seinen Emotionen und Macken durchkommen lassen dürfen, mit Mitleid, Neid und Zorn, mit sexuellen Bedürfnissen, Gier nach Geld oder Ruhm.[47]

Da es diesen übertriebenen Glauben an die Rationalität in der Ökonomie gibt, konnte ein neuer Trend entstehen: Man setzt ein Experiment auf, das eine gewisse Komplexität aufweist, holt sich eine Gruppe junger Studenten, denen man ein paar Euro verspricht, und zeigt, dass die Studenten sich nicht rational verhalten. Bingo, eine Veröffentlichung.

Es ist übrigens meiner Ansicht nach aussichtslos, aus den Daten solcher Experimente eine Theorie des menschlichen Verhaltens ableiten zu wollen. Hier geht es den Experimentatoren ähnlich wie den Prognostikern: Die Menschen sind einfach zu unterschiedlich in ihren intellektuellen Fähigkeiten und Neigungen. Wenn man sich dreißig junge Studenten ins Labor holt, hat man eine ganz andere Gruppe vor sich, als wenn man die dreißig morgendlichen Kunden unseres Bäckers fragen würde. Es gibt viel zu wenig Homogenität innerhalb der Menschen selbst. Hinzu kommt die Widersprüchlichkeit und Unausgeglichenheit der Subjekte. Wie Goethes Theaterdirektor möchte manch ein experimenteller Wirtschaftswissenschaftler stöhnen: »Wenn diesen Langeweile treibt, kommt jener satt vom übertischten Mahle, und, was das Allerschlimmste bleibt, gar mancher kommt vom Lesen der Journale.« Solche Dinge wie die Sattheit der Studenten oder ihre mangelnde Konzentrationsfähigkeit kann man natürlich in gewissem Grade kontrollieren. Die Heterogenität von Anlagen und Neigungen bleibt.

Bei aller Kritik an solch fröhlicher Wissenschaft müssen wir aber festhalten, dass die Entwicklung der experimentellen Ökonomie ein großer Fortschritt für die Wirtschaftswissenschaften ist. Nicht, um die Irrationalität der Menschen zu beweisen, sondern um Vorschläge wirtschaftlicher Steuerung zu überprüfen, sind Experimente bestens geeignet. Die hochentwickelte Theorie von Simulation und Experiment im Labor erlaubt es uns in Zukunft, die Wirkungen einer geplanten Politikänderung, die *theoretisch* sinnvoll scheint, empirisch an einer repräsentativen Gruppe der gerade gegebenen Gesellschaft zu überprüfen. Hier ist uns die Heterogenität, ja auch die Irrationalität, der Menschen gleichgültig; die ausgewählte Gruppe steht, wenn sie genügend groß ist und nicht zu einseitig gewählt, einigermaßen sicher für typisches aggregiertes Verhalten der Gegenwart. Man erhält mit einem solchen Experiment also einen ersten Anhaltspunkt, wie eine gegebene Politikreform sich in der Wirklichkeit auswirken wird.

In der Mikroökonomie scheint es mir wichtig, die übertriebenen Fronten zwischen den Dogmatikern des rationalen Agenten und den Dogmatikern der angeblich neuen Verhaltenstheorie aufzubrechen. Man sollte sich dazu folgender Tatsachen bewusst werden.

In der Mikroökonomie ist es in den letzten Jahren gelungen, eine hervorragende Konstruktion des rationalen Agenten zu erreichen. Bis ins atomare Detail sind wir in der Lage, zu klären, wie vernünftiges Verhalten in einer gegebenen unsicheren Situation wohl aussehen mag. Die Wirtschaftswissenschaften haben damit, ob gewollt oder nicht, ein altes Ideal der theoretischen Philosophie, nämlich die Konstruktion »der reinen Vernunft«, um den alten Begriff Immanuel Kants aufzugreifen, realisiert. Dies ist ein bleibender historischer Wert, der erst nach und nach von Philosophie und den anhängenden Wissenschaften verstanden werden wird. Wie auch die alten Philosophen bereits wussten und zum Teil wortreich beklagten, ist der Mensch natürlich nicht reine Vernunft allein. Nichtsdestotrotz dient dieses Modell uns oftmals als gute Richtschnur des Handelns.

Die Rolle der experimentellen Ökonomie besteht nicht darin, uns wieder und wieder Menschen zu zeigen, die sich unvernünftig verhalten. Wir wissen ja, dass es diese gibt. Der Wert der Experimente besteht darin, Ideen, die man mit Hilfe des Modells des ökonomisch rational handelnden Agenten entwickelt hat, auf ihre menschliche Praxistauglichkeit zu überprüfen. Falls deutliche Diskrepanzen und Unzufriedenheit auftauchen, muss man die Ideen verwerfen und sich andere, bessere Mechanismen ausdenken. Hier gäbe es dann ein fruchtbares Zusammenspiel zwischen Theorie und Experiment auch in den Wirtschaftswissenschaften, das bislang leider fehlt.

SIEBTES KAPITEL

Gezähmte Banken, gestaltende Ökonomie

Die Finanzmathematik gehört zu den großen wissenschaftlichen Errungenschaften unserer Zeit. Sie erlaubt es, Risiken besser als je zuvor zu verstehen, zu bewerten und abzusichern. Aber sie ist eben auch in der Lage, fehlerhafte Regulierung zu eigenem Vorteil auszunutzen, und sie kann zu neuen und bislang unbekannten Formen der Spekulation benutzt werden. Die Finanzmathematik wird in den Banken missverstanden und missbraucht; hier muss ein Wandel eintreten, der zu einem aufgeklärten Verhältnis zur Finanzmathematik und ihrem sinnvollen Gebrauch als Versicherungsmathematik führt.

Die wirtschaftspolitische Beratung und Prognose hat diese Entwicklungen verschlafen. Nicht ganz zu Unrecht werden die Wirtschaftswissenschaftler, soweit sie das Geschäft der Beratung und Vorhersage betreiben, als »Blindgänger« verspottet. Etwas feiner hat auch Kanzlerin Merkel anlässlich des fünfzigjährigen Bestehens des Sachverständigenrats zur Begutachtung der gesamtwirtschaftlichen Entwicklung darauf hingewiesen, dass Krisen nicht hundert Mal häufiger vorkommen sollten, als es die Modelle vorhersagen.

Im abschließenden Kapitel wollen wir daher versuchen, Konsequenzen zu ziehen und die folgenden Fragen zu beantworten: Wie gehen wir mit der Finanzmathematik um, und wie lenken wir sie in gesellschaftlich wünschenswerte Bahnen? Wie fördern wir den Kulturwandel in den Banken? Welche Rolle soll die Wirtschaftswissenschaft in der politischen Beratung spielen?

Ökonomie als gestaltende Wissenschaft

Lassen Sie uns mit der letzten meiner drei Fragen beginnen: Wie soll es nach dem Versagen der makroökonomischen Politikberatung während der Finanzkrise weitergehen? Denn dass es nicht so weitergehen kann wie bisher, sollte uns klar sein. Offensichtlich eignen sich die gegenwärtigen makroökonomischen Modelle nicht zur Beschreibung der Wirklichkeit und zur Vorhersage von Krisen. Doch was bleibt von der Volkswirtschaftslehre für die Welt, wenn sie als empirische Wissenschaft nicht möglich ist? Nicht viel, mag man sagen wollen, denn was bringt uns eine Wissenschaft mit empirischem Gegenstand – der Welt des Handels und der Verteilung der Ressourcen –, wenn sie empirisch nicht erfolgreich ist?

Eine ganze Reihe herausragender Denker der vorangegangenen Generation an Wirtschaftstheoretikern hat sich übrigens aus diesem Grund von der eigenen, meiner Ansicht nach bedeutenden, Theorie abgewandt und sich fruchtlosen anderweitigen empirischen Bemühungen hingegeben. Fälschlicherweise! Denn hier tut sich bei aller Verzweiflung und Niedergeschlagenheit wie so oft im Leben auf einmal ein neuer Weg auf; die Gründe, die den empirischen Erfolg der Wissenschaft als Werkzeug der Prognose vereiteln, können die Basis für eine andere, erfolgreiche empirische Anwendung der Wirtschaftswissenschaft werden.

Hier liegt nämlich ein (Selbst-)Missverständnis der Wirtschaftswissenschaft vor. Gerade weil die Ökonomie wie die Physik mathematische Methoden und Modelle benutzt, liegt die Vermutung nahe, dass sie auch die Wirklichkeit vorhersagen könne, wie es die Naturwissenschaften erfolgreich tun. Dies ist aber nicht der Fall, wie ich oben dargelegt habe.

Eine Tatsache, die die Volkswirtschaftslehre zurzeit gerne leugnet, derer sie sich aber (wieder) stärker bewusst werden muss, ist, dass sie Menschen zum Gegenstand hat, die sie in all ihrer Vielfalt und ihrem Reichtum, ihrer Freiheit und Spontaneität niemals vollständig modellieren können. Man wird sich also stets mit einem Modell des Subjekts behelfen müssen, immer im Bewusstsein, dass man Menschen nicht perfekt beschreibt. Solch ein Modell des Subjekts wird in den Wirtschaftswissenschaften gerne »Agent« genannt, im Sinne des lateinischen »agens«, also Handelnden, weniger im Sinne eines Geheimdienstlers.

Es gibt meiner Ansicht nach nur zwei Modelle des Agenten, für die man vernünftig eine allgemeine Theorie entwickeln kann. Das eine Modell ist der bekannte Homo oeconomicus, das rationale, egoistische Wesen, also gerade *kein Mensch* (nur *déformation professionnelle* kann einen auf die Idee bringen, man beschriebe hiermit den Menschen). Beim anderen Modell, das man gut untersuchen kann, modelliert man den Akteur als *durch die Evolutionsgesetze bestimmtes Wesen* – der Akteur gewissermaßen als Ameise, ein rein deterministisch nach Naturgesetzen funktionierendes Wesen, natürlich wieder *kein Mensch* (obwohl es auch hier genügend Wissenschaftler gibt, die in diesem Modell die bessere Beschreibung des Menschen sehen). Warum kann man in beiden Fällen eine schöne Theorie entwickeln? Weil dann die Gesetze des Handelns klar sind: Beim rationalen Homo oeconomicus bestimmt das Maximieren gewisser Zielfunktionen das Verhalten, beim determinierten Tier der Versuch, seine Fitness zu erhalten und zu mehren (oder einfacher gesagt, möglichst viele Nachkommen zu erzeugen). In beiden Fällen kann man mit Hilfe der Mathematik eine allgemeine und elegante Theorie entwickeln.

Beide Modelle liefern übrigens wertvolle Einsichten; man muss sich nur davor hüten, sie als alleinige Wahrheit über den Menschen zu deuten. Die exakte Beschreibung des Menschen liegt jedenfalls irgendwo zwischen den beiden Extremen des rationalen, egoistischen Agenten und der evolutionär determinierten Ameise. Unsere Selbsterkenntnis wird aber vermutlich niemals so weit reichen, uns ganz selbst zu verstehen. Hinzu kommt, dass die Menschen, durch die Möglichkeit sich selbst zu entwerfen, es zu einer faszinierenden und großen Vielfalt an einzelnen Verhaltensweisen bringen, die wir kaum jemals in ein Modell pressen können werden.

Für die Zwecke der Volkswirtschaftslehre ist das jedoch gar nicht erforderlich. Wir sollten das Ziel verfolgen, einen möglichst guten Rahmen für wirtschaftliches Handeln der Individuen einer Gesellschaft zu setzen. Die zukünftige erfolgreiche Rolle der Volkswirtschaftslehre liegt im Gestalten der Wirklichkeit; nicht die zum Scheitern verurteilte Vorhersage menschlichen Verhaltens, sondern das Regeln menschlicher Wirklichkeit samt ihrer theoretischen wie empirischen Analyse sollte im Vordergrund wirtschaftswissenschaftlicher Theorie wie Praxis stehen.

Um ein Missverständnis gleich auszuräumen, das in den Feuilletons dieser Tage gern beschworen wird: Hier soll es nicht um ein Umerziehen oder heimliches Umprogrammieren des Menschen gehen; in seinem emotionalen Reichtum, seiner individuellen Freiheit und seinen höchsten künstlerischen Schaffensformen soll der Mensch so bleiben, wie er ist. Es geht nur darum, die wirtschaftliche Umgebung möglichst gut zu ordnen, so dass der Reichtum der Gesellschaft gerade so gut wie möglich vermehrt und verteilt wird. Das ist eine notwendige Bedingung für große kulturelle Leistungen, für die ein gutes Wirtschaftssystem gerade die Voraussetzungen liefert. Eine solch gestaltende empirische Wirtschaftswissenschaft geht folgendermaßen vor:

• Mit Hilfe theoretischer Modelle entwirft man für eine bestimmte Fragestellung Regeln und Institutionen. Hier benötigt man übrigens den Homo oeconomicus; nicht, weil man glaubte, dass die Menschen so seien, oder weil man wollte, dass sie so sein sollten, sondern um zu testen, wie sich ein intelligenter und egoistischer Akteur in der wirtschaftlichen Umgebung verhält, und um zu testen, ob die Institution Schwächen aufweist. Eine gute ökonomische Analyse bleibt hier aber nicht stehen: Sie sollte die Robustheit der eigenen Resultate testen, indem sie auch das Verhalten nicht-rationaler und nicht-egoistischer Akteure in dem wirtschaftlichen Umfeld simuliert und prüft.

• In einem zweiten Schritt sollte man die Institutionen im Labor testen. Es gibt inzwischen eine reichhaltige Literatur sowie einen eigenen Forschungszweig zu experimenteller Ökonomie; auch hier gibt es durchaus wissenschaftstheoretisch ungeklärte Fragen; nicht immer lassen sich Verhaltensweisen von Menschen in einem »Computerspiel« auf die Wirklichkeit übertragen. Nichtsdestotrotz liefern die Experimente oft entscheidende Hinweise auf Schwächen der theoretisch hergeleiteten Institutionen.

• Anschließend schreitet man zur Umsetzung der Resultate in der Wirklichkeit. An dieser Stelle kommt dann die empirische Analyse, die niemand aus den Wirtschaftswissenschaften verbannen will, wieder ins Spiel. Es geht darum, die richtigen Daten zu sammeln und auszuwerten, um zu überprüfen, ob sich die Institution auch in der Praxis bewährt. Wir dürfen ja nicht vergessen, dass jede neue Institution in der Wirklichkeit auf ein unüberschaubares Dickicht an schon existierenden Regeln, Gesetzen und Einrichtungen trifft. In dieser Gemengelage kann es stets passieren, dass die theoretisch wie experimentell erhofften Wirkungen der neuen Institution nicht eintreten.

Wir brauchen also weiterhin alle entwickelten quantitativen Bereiche der Wirtschaftswissenschaften, Theorie, Experiment und empirische Analyse; nur ihr Zusammenspiel sollte in den Wirtschaftsforschungsinstituten neu ausgerichtet werden.

Für ein solches Programm bietet die Finanzkrise gleich das

schönste Betätigungsfeld, und ich werde zeigen, wie ich mir eine solche gestaltende Wissenschaft an diesem konkreten Beispiel vorstelle.

Die Finanzmathematik zähmen

Seit den Krisenjahren wurden viele Einzelmaßnahmen vorgeschlagen und diskutiert, die sich in eilig gezimmerten Gesetzesvorlagen niederschlagen. Der Dodd-Frank-Act in den Vereinigten Staaten und auch die gegenwärtigen Vorschläge für Basel III listen eine Fülle von neuen Ideen zur Regulierung auf, die zum Teil in die richtige Richtung gehen, sich aber zum Teil auch widersprechen; manche Maßnahmen wiederum würden oder werden ähnliche Tricksereien heraufbeschwören, wie Value at Risk es getan hat. Dies liegt daran, dass viele dieser Forderungen ad hoc aus der Not der Zeit formuliert wurden; sie gründen auf einer gewissen Erfahrung, im besten Fall, oder ideologisch motivierten Wünschen, im schlechtesten.

Die Rolle der ökonomischen Theorie besteht darin, die Schwächen manch gut gemeinter Vorschläge aufzudecken und eigene, hoffentlich begründbar bessere Regeln aufzustellen. An Hand dieses Leitmotivs werde ich einige weniger gute Ideen besprechen und dann aufzeigen, wie man die Banken- und Finanzwelt so strukturieren kann, dass die Finanzmathematik, die ja nicht einfach aus der Welt geschafft werden kann, gesellschaftlich sinnvoll genutzt wird, ohne dass sie weiterhin spekulative Katastrophen erzeugt, für die dann der Steuerzahler aufkommen muss.

Angesichts der großen Lasten, welche die Rettung der Banken verursachte, und der andauernden Schuldenkrise, die dadurch in Europa und Amerika ausgelöst wurde, liegt es nahe, in irgendeiner Form von den Finanzmärkten einen Beitrag erwarten zu wollen. Im Prinzip haben die Gesellschaften wie eine Versicherung für die Banken funktioniert, und wer versichert ist, muss eine Prämie zahlen. Es ist jedoch wichtig, solche »Versicherungsprämien« oder Finanzsteuern richtig zu konstruieren. Denn sonst ist die Gefahr groß, dass die Zeche doch wieder vom Verbraucher gezahlt wird, wenn nämlich die Steuern einfach nur zu höheren Kosten für alle führen. Zudem sollten wir die Steuern nutzen, um die Fehlanreize des Systems zu beseitigen und hingegen die richtigen Anreize setzen, die dann zu einem robusten und stabilen Finanzmarkt führen.

Transaktionssteuer: Strafe für alle

Ein beliebter Klassiker unter allen Finanzmarktsteuern ist die auf den Wirtschaftsnobelpreisträger Tobin[48] zurückgehende Besteuerung aller Finanzgeschäfte. Es handelt sich dabei um eine Umsatzsteuer auf alle Transaktionen. Wie jede Umsatzsteuer würde sie durchaus viel Geld einbringen. Sie erfreut sich vor allem deshalb allgemeiner Beliebtheit, weil sie wie eine Strafe für die Händler und Banken aussieht und auf den ersten Blick die normalen Verbraucher nicht trifft. Dies könnte aber ein Fehlschluss sein.

Bei einer solchen Steuer werden einfach alle Preise gleichmäßig erhöht. Es ist so, als wollte man eine Steuer auf alle Getränke erheben, nur weil man weiß, dass manche Leute zu viel Alkohol trinken. So würden eben nicht nur die alkoholischen Getränke, sondern auch alle Fruchtsäfte und Mineralwasser teurer, deren Konsum man gerade fördern will. Das ist vielleicht nicht die schlaueste Methode, den Alkoholmissbrauch einzuschränken.

Solche Transaktionssteuern entsprechen physikalisch einer erhöhten Reibung. Um ein weiteres Beispiel zu geben: Wegen überhöhter Geschwindigkeit sterben im Verkehr zu viele Menschen pro Jahr. Wir könnten nun die Idee vertreten, dass von nun an alle Autos mit angezogener Handbremse fahren müssen – dies entspräche in etwa der Idee einer Transaktionssteuer: Jeder Tritt aufs Gaspedal wird dadurch teurer, denn jede Fahrtätigkeit wird gleichermaßen bestraft, indem wir die Reibung stark erhöhen. In der Tat würden dann wohl alle etwas langsamer fahren, aber vermutlich würden die Automobilhersteller mit stärkeren Motoren auf diese Einschränkung reagieren. Der Verbrauch an Handbremsen würde enorm steigen, ebenso die Zahl der Werkstattbesuche. Außerdem würde unsere »Handbremsensteuer« unerwünschte Nebenkosten erzeugen: einen höheren Benzinverbrauch oder einen höheren Verschleiß der Bremsen oder der Reifen et cetera. Eine Geschwindigkeitsbeschränkung auf den besonders gefährdeten Straßen wäre vielleicht doch die bessere Lösung...

Nicht jede gut gemeinte Steuer erreicht ihr Ziel.

Die Finanztransaktionssteuer verteuert gleichmäßig alle Geschäfte – auch erwünschte Geschäfte werden bestraft. Hierzu gehören beispielsweise die vernünftigen langfristigen Investitionen eines Sparers, der mit Hilfe einer Kapitallebensversicherung für seinen Lebensabend vorsorgen will, oder die Finanzierungsgeschäfte kleiner und mittlerer Unternehmen, die sich auf dem Anleihenmarkt finanzieren wollen oder ihr Währungsrisiko absichern müssen. Wir bestrafen also auch den erwünschten Gebrauch der Finanzmathematik als Versicherungsmathematik. Dabei wollen wir doch gerade, dass wir mit unserem besseren Verständnis aller Risiken die Gesellschaft besser absichern können.

Nicht zuletzt gilt: Es ist zwar richtig, dass eine Finanzumsatzsteuer Spekulanten ärgern würde, viel wichtiger ist aber, dass die Kosten solcher Umsatzsteuern meist beim Verbraucher landen. Die Banken wälzen ihre gestiegenen Kosten einfach auf den Verbraucher ab, und so zahlen Kreditnehmer,

Familienunternehmen, Häuslebauer oder Existenzgründer höhere Zinsen.

Dies kann man übrigens in einem klassischen ökonomischen Modell analysieren, woran wir gerade den Wert der theoretischen ökonomischen Analyse erkennen können, wie ich oben besprochen habe. Ich würde mir nicht anmaßen wollen, den Ertrag der Finanztransaktionssteuer vorhersagen zu wollen, wie es von den Medien und Politikern gern gemacht wird. Zu Anfang des Jahres 2013 wurde etwa versucht, in elf EU-Staaten eine solche Steuer einzuführen. Die EU-Kommission schätzte, dass damit jährlich 30 bis 35 Milliarden Euro eingenommen würden. In Schweden wurde schon einmal eine solche Finanztransaktionssteuer, eine Börsenumsatzsteuer, mit dramatischen Folgen eingeführt: Statt der erwarteten 1,5 Milliarden schwedischen Kronen wurden lediglich knapp 50 Millionen eingenommen, also nur etwas mehr als 3 Prozent der prognostizierten Einnahmen.[49]

Man kann mit Hilfe theoretischer ökonomischer Modelle jedoch durchspielen, wie eine solche Steuer auf einem Markt mit egoistischen und rationalen Akteuren wirken würde – und Sie werden mir sicher glauben, dass die Annahme einer gewissen Intelligenz sowie eines gewissen Egoismus für Aktienhändler erfüllt ist. Dann zeigt sich, dass unter Umständen ein großer Teil der Steuern nicht von den Zwischenhändlern, also den Banken, sondern von den Konsumenten, also von Pensionsfonds, Unternehmen oder Kleinaktionären gezahlt wird. Einfach gesagt gilt bei solch allgemeinen Steuern üblicherweise, dass sie von den Akteuren bezahlt werden, deren Verhalten recht starr ist: Wer auf andere Staaten, andere Anlageformen oder andere nicht besteuerte Verträge ausweichen kann, zahlt weniger Steuern als diejenigen, die auf eine bestimmte Anlageform angewiesen sind. Ich brauche Ihnen nicht zu sagen, welche Akteure im Ausweichen und Optimieren der Steuern geübt sind und welche nicht. Am Schluss des Tages würden auch die

Staatsfinanzen nicht von den Banken, sondern wieder einmal von uns allen saniert. Wollen wir das?

Bankenabgaben: Größe ist nicht gleich Systemrisiko

In Deutschland und anderen europäischen Ländern gibt es seit Kurzem eine Bankenabgabe, welche die im Prinzip richtige Idee verfolgt, Spekulation einzudämmen und mit den Einnahmen ein Sicherheitsnetz für in Schwierigkeiten geratene Banken aufzubauen. Zuständig ist die neu geschaffene Bundesanstalt für Finanzmarktstabilisierung, die auf ihrer Internetseite die Grundidee der Abgabe so darstellt: »Die Bankenabgabe orientiert sich an der Größe der Bank und deren Grad der Vernetzung mit dem Finanzsystem.«[50]

Was zunächst gut klingt, wird in der Umsetzung leider nicht erreicht. Eine Besteuerung der Größe einer Bank scheint eine gute Idee zu sein, weil gerade das Argument des »too big to fail« während der Finanzkrise gerne vorgebracht wurde, um die Notwendigkeit einer Rettung der Banken zu begründen. Allerdings wurde hier oftmals nicht die Größe allein gemeint, denn »Größe« ist ja immer ein relativer Begriff, sondern eigentlich wurde auf das Systemrisiko angespielt, das angeblich oder wirklich von solchen Banken ausgeht, da sie viele andere Unternehmen und Banken mit in den Abgrund ziehen können. Daher spielt der Grad der Vernetzung eine wichtige Rolle.

Nun ist die Größe einer Bank durchaus ein Problem, wie wir im Kapitel über die Banken diskutiert haben, insbesondere wenn die relative Größe der Transaktionen und Kapitalbestände einer Bank zu Marktmacht führt. Um Marktmacht, also die Möglichkeit, Preise zu beeinflussen, soll es bei der deutschen Bankenabgabe aber nicht gehen. Die Idee ist eher, eine Steuer auf die Nebeneffekte einer Bank zu erheben: Wenn eine Bank zu stark vernetzt ist, kann sie die Stabilität des Finanzsektors gefährden. So wie man etwa die Verschmutzung der

Umwelt durch industrielle Produktion besteuert, versucht man hier, die Gefährdung der Wirtschaft durch die Finanzmärkte zu lenken.

Die Vernetzung mit dem Finanzsystem ist gar nicht so leicht zu messen. Es gibt eine mathematische Theorie der Netzwerke, die Kennzahlen für die Relevanz eines Knotenpunktes im Netzwerk zur Verfügung stellt; es ist Gegenstand der Forschung, inwieweit solche Kennzahlen für den Finanzmarkt relevant und messbar sind. Angesichts der Schwierigkeiten, Systemrisiken zu messen, verzichtet das Gesetz ganz darauf, den Grad der Vernetzung eines Instituts bestimmen zu wollen. Im Gegensatz zu den schönen blumigen Worten, mit denen das Gesetz in der Presse verkauft wird, wird also gar nicht die Vernetzung besteuert. Stattdessen wählt man die Höhe der Bilanzsummen[51] und den Umfang der noch nicht abgewickelten Termingeschäfte als Näherung.

Bilanzsummen mögen eine gute Annäherung für die Größe einer Bank darstellen. Diese messen aber leider nicht das Risiko, das eine Bank eingegangen ist. Einige der Banken, welche die größten Schäden in der Krise verursachten, wiesen keine hohen Bilanzsummen aus. Da scheint der Umfang der noch nicht abgewickelten Termingeschäfte das Risiko einer Bank und ihre Vernetzung im System besser zu messen. Aber auch das ist nicht richtig: Wie ich schon erklärt habe, ist es falsch, jeden Einsatz von Finanzmathematik zu bestrafen. Denn es gibt sehr sinnvolle Derivate, die der Versicherung eines unternehmerischen Risikos dienen, die durch dieses Gesetz ebenfalls bestraft werden. Termingeschäfte etwa sind für viele Firmen, die sich gegen Währungsrisiken absichern wollen, von grundlegender Bedeutung. Es ist also falsch, solche gesellschaftlich wünschenswerten Transaktionen mitzubestrafen.

Ganz ähnlich wie bei der Transaktionssteuer wird hier wieder einmal alle Aktivität bestraft – ob man Fruchtsaft oder

Schnaps handelt, spielt keine Rolle, solange man es in großem Umfang betreibt.

Das Hauptziel der guten Steuerung des Finanzmarktes muss sein, die unerwünschte Vervielfachung nicht abgesicherter Risiken zu verhindern. Dies gelingt jedoch mit der Bankenabgabe nicht. Das ergibt sich zum einen daraus, dass alle Termingeschäfte gleichermaßen bestraft werden, zum anderen ist aber auch wichtig, dass die Steuer »Zumutbarkeitsgrenzen« hat. Auch das ist gut gemeint: Man möchte schließlich die Banken nicht durch Steuern in den Ruin treiben. Aus diesem Grunde ist die maximale Höhe der zu zahlenden Abgaben durch einen Anteil am Gewinn gedeckt, der zurzeit 20 Prozent beträgt. Diese Deckelung nimmt dem Gesetz aber leider endgültig jede gewünschte Wirkung.

Wenn nämlich Investmentbanken ernsthaft ein großes Rad drehen wollen, werden sie diese obere Grenze erreichen,[52] und dann spielt die Steuer in den internen Überlegungen einer Bank aber keine Rolle mehr. Es ist eine fixe Summe zu zahlen, unabhängig von den weiteren Aktivitäten der Bank. Ab diesem Zeitpunkt beginnt wieder das große Glücksspiel: Die Kosten sind eh fix und bezahlt, so dass von der Steuer keine weitere bremsende Wirkung auf das spekulative Verhalten ausgeht.

Die deutsche Bankenabgabe wirkt für Investmentbanken also eher wie eine fixe Abgabe auf den Gewinn. Sie erfüllt damit den Wunsch vieler Bürger, dass die Banken mehr Steuern zahlen sollen, erreicht aber nicht die gewünschte Wirkung für den Derivatemarkt. Wie wir noch sehen werden, lässt sich ein Abschöpfen der Bankengewinne auch anders, und ökonomisch sinnvoller, bewerkstelligen. Eine Eindämmung spekulativen Verhaltens muss auf anderem Weg erreicht werden.

Leerverkäufe: Teil wichtiger Versicherungsstrategien

Mit der Finanzkrise wurden Leerverkäufe ins Licht der Öffentlichkeit gerückt. Mit ihnen scheint man auf den Verfall einer Aktie zu spekulieren – offensichtlich rein spekulative Geschäfte und außerdem unmoralisch, weil man darauf setzt, dass es einer Firma schlecht geht. Oder nicht? Eine Aufgabe der ökonomischen Theorie besteht auch in der Aufklärung über wirtschaftliche Sachverhalte. Lassen Sie mich Ihnen also zeigen, dass Leerverkäufe weniger verwerflich sind, als Sie glauben, und dass sie im Gegenteil sogar nützlich sein können. Wie mit gewissen Drogen kommt es eben darauf an, wie man mit ihnen umgeht: Als Medikament heilsam sind sie in den falschen Händen tödlich.

Leer verkaufen: Was bedeutet das eigentlich? In meinen Vorlesungen beschreibe ich dies scherzhaft so: »Sie leihen sich das Auto eines Freundes und verkaufen es.« Das hört sich natürlich nicht so an, als würde man damit viele Freunde halten können. Aber wenn Sie das Auto wieder zurückkaufen und dafür sorgen, dass Ihr Freund es in einem guten Zustand wieder zurückbekommt, wird er Ihnen vielleicht verzeihen, und wenn Sie ihn noch zum Grillen einladen, überlegt er sich vielleicht, ob er Ihnen das Auto nicht noch einmal leiht.

In der Tat läuft ein Leerverkauf technisch auf den Finanzmärkten so ähnlich ab: Sie können sich von Banken oder Zwischenhändlern (Brokern) oder auch einem Fonds gegen eine kleine Gebühr eine Aktie leihen, die Sie dann verkaufen. Sie sind dann vertraglich verpflichtet, die Aktie zu einem späteren Zeitpunkt wieder zurückzukaufen. Hier können natürlich allerlei juristische Probleme entstehen, wenn man zum Beispiel die Aktie nicht rechtzeitig liefert, und es sind auch eigentumsrechtliche Fragen zu klären. Deshalb sollten vielleicht nur Anleger mit einer gewissen Erfahrung oder Beistand solche Geschäfte tätigen.

Die Leerverkäufe wurden während der Finanzkrise in ein schiefes Licht gerückt, weil sie in der Tat auch zur Spekulation auf fallende Kurse verwendet werden können. Im Prinzip dreht man damit die Spekulation herum: Klassischerweise kauft ein Spekulant zuerst eine Aktie, hofft auf eine Wertsteigerung, um sie später zu verkaufen. Nun verkauft er zuerst und kauft dann. Dies führt bei fallenden Kursen zu Gewinnen und bei steigenden Kursen zu Verlusten. Diese Art von Spekulation kann man natürlich verbieten; aber man zerstört damit volkswirtschaftlich sinnvolle Anlagestrategien und erzeugt damit unter Umständen neue Spekulationsblasen! Es lohnt sich also, sich die Leerverkäufe noch einmal genauer anzuschauen.

Im Prinzip handelt es sich dabei doch um eine Art Leihen. Das Geldverleihen gegen Zins war aus allerlei religiösen Gründen in der Geschichte immer mal wieder verboten: Waren es im Mittelalter eher die christlichen Kirchen, die damit ihre Schwierigkeiten hatten, so sind es heute eher islamisch geprägte Gesellschaften, die das Geldverleihen verwerflich finden. Eine Gesellschaft verliert aber viel, wenn man sich kein Geld mehr leihen kann. Denken Sie an junge Leute mit einer guten Idee, aber wenig Kapital. Diese benötigen verlässliche Partner, die ihnen das benötigte Geld zur Verfügung stellen. Wie wollte sich eine normale Familie ein Haus bauen oder kaufen, wenn man kein Geld leihen kann? Man erzeugt auf diese Weise nur einen Schwarzmarkt für Geldgeschäfte mit Wucherzinsen und rechtlicher Unsicherheit.

Auch Leerverkäufe haben wirtschaftlich wichtige Funktionen, die man durch ein Verbot nicht aushebeln sollte. Denken Sie etwa an die Altersvorsorge: Wenn Sie mit einer Riester-Rente über viele Jahre Geld für Ihr Alter sparen, ist es durchaus sinnvoll, dies teilweise in Aktien zu investieren, um an deren höherer mittlerer Rendite teilzuhaben. Andererseits sollten Sie das Ersparte auch nach unten absichern, damit Sie bis zur Rente eine gewisse Mindestsumme erzielen. Genau hier hilft

Ihnen die Finanzmathematik und zeigt, wie man solche Absicherungsstrategien implementiert. Und genau hierfür braucht der Finanzmarkt die Möglichkeit, Leerverkäufe zu tätigen.

Wenn Sie sich nämlich gegen fallende Kurse absichern wollen, kaufen Sie sich am besten einen Put: Eine solche Option gibt Ihnen das Recht, Aktien zu einem bestimmten Mindestpreis verkaufen zu dürfen, auch wenn der Preis der Aktie unter diesen Wert gefallen sein sollte. Wenn wir nun wollen, dass solche Puts frei und zu guten Preisen gehandelt werden, müssen wir zumindest den Anbietern dieser Puts, also den Investmentbanken, erlauben, Sie mit Hilfe der Finanzmathematik zu bewerten und abzusichern. Hierfür braucht die Bank aber die Möglichkeit, Aktien leer zu verkaufen.

Sie können sich dies, wenn Sie noch Lust dazu haben, an unserem kleinen Atom klar machen. Ein Put zahlt Geld, wenn die Aktie fällt, und zahlt nichts, wenn die Aktie steigt. Er verhält sich also gerade umgekehrt zur eigentlichen Entwicklung des Kurses. Es leuchtet Ihnen daher vielleicht ein, dass unser replizierendes Portefeuille gerade eine negative Anzahl Aktien enthalten muss. Mit anderen Worten müssen wir die Aktie leer verkaufen.

Damit sind Leerverkäufe Teil wichtiger
Versicherungsstrategien.

Ich hoffe, ich konnte Ihnen an diesem kleinen Beispiel klar machen, dass wir alle durch das Verbot der Leerverkäufe verlieren. Nun kann man natürlich einwenden, dass diese Verluste klein sind gegenüber den Verlusten, die durch Spekulation entstehen, und dass wir daher diesen Preis für die Stabilität der Finanzmärkte zahlen müssen. Nun kommt aber der Witz an der Geschichte, denn man erhält gar keine Stabilität der Finanzmärkte durch ein Verbot von Leerverkäufen. Im Gegenteil. Die Finanzmärkte werden unstabiler!

Glauben Sie nicht? Nun, hier habe ich die Gelegenheit, einmal eine andere Position als die des reinen Theoretikers einzunehmen und Ihnen den Wert guter empirischer Wirtschaftsforschung aufzuzeigen, die gerade nicht Brigitte-Research ist. Eine wichtige Fragestellung lautet zum Beispiel, ob auch im Labor unter kontrollierten Rahmenbedingungen Spekulationsblasen entstehen und, wenn ja, unter welchen Rahmenbedingungen sie stärker oder schwächer ausfallen. Die Antworten liefern wertvolle Hinweise für eine mögliche Regulierung der Finanzmärkte. Auch wenn solche Forschung es nicht in die bunten Blätter schafft, so leistet sie wertvolle Grundlagen für unser Verständnis der Menschen, wie Psychologen schon seit Langem wissen. Bei aller Vorsicht, die geboten ist, wenn man Studenten Trader spielen lässt, so gewinnt man doch einige interessante Einsichten.

Eine dieser Erkenntnisse ist, dass in fast allen Experimenten spekulative Blasen entstehen, selbst wenn moralisch sehr korrekte Zeitgenossen an diesen Experimenten teilnehmen. Es scheint ein wenig in der Natur der Sache zu liegen, dass auch einmal Aktien überschätzt werden oder in einer Art Herdentrieb viele Menschen hinter erwarteten oder eingebildeten Wertsteigerungen herlaufen, die irgendwann zusammenbrechen. Vergessen Sie nicht, dass wir alle auch ein wenig an der Finanzkrise Schuld sind, weil wir eben Immobilien in Spanien oder Derivate isländischer Banken oder wie unser Stadtkämmerer exotische Zinsderivate gekauft haben. Typischerweise sieht man im Labor stets eine Phase spekulativer Blasen mit völlig übertrieben hohen Aktienpreisen, die kurz vor Ende des Experimentes zusammenbrechen.[53] Interessanterweise gibt es jedoch viel weniger solcher Blasen, wenn Leerverkäufe erlaubt sind. Leerverkäufe tragen somit zur Stabilität des Finanzmarktes bei.

Wie kann man dies erklären? Nun, eine Blase bricht dann zusammen oder kann daran gehindert werden zu entstehen, wenn Investoren verstehen, dass eine Aktie zu hoch bewertet ist; man sollte sie also verkaufen. Doch wie will man verkaufen, wenn man die Aktie gar nicht hält? Man müsste sie sich leihen können ...

Leerverkäufe könnten dabei helfen, spekulative Blasen zu vermeiden.

Und damit wäre es Unsinn, sie zu verbieten. Es ist zwar richtig, dass Leerverkäufe zur Spekulation benutzt werden. Wenn ich glaube, dass eine Aktie zu hoch bewertet ist, dann verkaufe ich sie leer, um sie später, wenn ihr Preis gefallen ist, billiger zurückzukaufen. Es mag sich widersinnig anhören, ist es aber nicht. Letztlich macht der Investor oder Unternehmensgründer, der auf steigende Preise setzt, nichts anderes: Er leiht sich Geld und investiert es in eine Aktie in der Hoffnung, dass ihr Wert steigt. Mit anderen Worten verkauft er also »Geld« leer. Die von Mystik umwobenen Leerverkäufe sind somit nichts anderes als eine Form des Leihens. Wenn wir dies verbieten, treffen wir das Wirtschaftsleben im Nerv, und wir erzeugen mehr Blasen, als wir verhindern.

Risiko richtig messen: Ersatz für Value at Risk und Ratingagenturen

Wo stehen wir nun? An Hand des Beispiels Value at Risk haben wir gesehen, wie man mit Finanzmathematik eine dumme Regulierung austricksen kann: Das Zusammenspiel aus Ratingagenturen und Value at Risk spielte ja eine wesentliche Rolle bei der Entstehung der Immobilienkrise – dieses fatale Zusammenspiel muss verschwinden.

Wir haben uns außerdem gewisse Gesetzes- und Regulie-
rungsvorschläge angeschaut, die bislang vorgebracht wurden,
und auf ihre Schwächen und Unzulänglichkeiten analysiert.
Die Aufgabe wirtschaftswissenschaftlicher Forschung besteht
eben auch gerade darin, Gesetze und Institutionen auf ihre
Fehler zu untersuchen und ökonomisch bessere Vorschläge zu
machen. Dass Transaktionssteuern und Bankenabgaben, wie
sie bis jetzt vorgeschlagen wurden, wirklich nicht das Gelbe
vom Ei sind, habe ich hoffentlich deutlich machen können.

Es wäre nun falsch, aus Wut und Verzweiflung zu folgern,
dass eine perfekte Steuerung der Finanzmärkte ohnehin nicht
möglich sei; man könnte sie ganz abschaffen und den »Kasinokapitalismus« beenden wollen. Doch dann wird man langfristig
eh merken, dass wir für ein gutes Wirtschaftssystem Geld-
märkte benötigen. Man würde schließlich nachgeben und einfach hoffen, mit mehr oder weniger gelungenen Einschränkungen das System einigermaßen im Zaum zu halten.

Ich möchte Ihnen im Folgenden zeigen, dass man Stell-
schrauben setzen kann, die den Missbrauch der Finanzmathematik in Zukunft verhindern werden. Diese sind hinreichend
radikal, um die ungewünschte, gesellschaftlich gefährliche
Spekulation einzudämmen; sie sind auch hinreichend unangenehm für die Banken. Wichtig ist mir aber auch, dass sie ökonomisch sinnvoll sind, so dass es hoffentlich gelingen wird,
auch die Banken selbst von diesen Reformen zu überzeugen.

Die Entwicklung dieser Methoden benötigt ebenfalls eine
gewisse mathematischen Analyse, mit der ich Sie nicht im Detail belasten will. Wichtig ist aber, dass Sie mir zunächst einmal
glauben, dass eine Regulierung, die die gute Seite der Finanzmathematik stützt und die schlechte Seite eindämmt, möglich
ist. Dies wäre ein Beispiel erfolgreicher Wirtschaftswissenschaft,
wie sie als Politikberatung funktionieren kann.

Nun mag man denken, dass ich endgültig am Kern des Problems vorbeirede. Ich werde mich mit »technischen Details«

der Regulierung beschäftigen, statt die großen Themen des »Kasinokapitalismus« und der »deregulierten und entfesselten Märkte« anzusprechen, ganz zu schweigen von »neuen Wirtschaftssystemen«. Im Gegenteil: Ich rede schon von einem neuen Wirtschaftssystem, wir wollen auch den ungebändigten Finanzkapitalismus zähmen, und wir werden den Kasinokapitalismus beenden – nur geht dies nicht mit großen Worten und lauten Versprechungen, sondern mit genauer und feiner Analyse.

Finanz- und Spekulationskrisen hat es immer wieder gegeben, und je nach Zeit und Geschmack waren es einmal die Tulpen, ein anderes Mal ostindische Handelsgesellschaften, die die Fantasien beflügelten. Für unsere Zeit entzündete, wie wir gesehen haben, die Finanzmathematik die Fantasie, und die Regulierungsbehörden öffneten mit Value at Risk das Tor zur Hölle.

Ungeachtet der Tatsache, dass es immer wieder Innovationen geben wird, die die Fantasie der Menschen beflügeln und zu irrationalen Investitionen führen werden, bleibt es doch in jedem einzelnen Falle wichtig, das Tor zur Hölle zu schließen. Gerade in unserem Falle ist dies unerlässlich, da uns das Wissen der Finanzmathematik bleiben wird. Die Frage ist nur, wie dies geschehen soll, und ja, ob es überhaupt möglich ist.

Fangen wir also an. Value at Risk muss verschwinden genauso wie die Erlaubnis, die Ratings von angeblichen »Experten« in objektive Wahrscheinlichkeiten zu übersetzen. Ziehen wir also die Konsequenz, und ersetzen wir Value at Risk durch ein anderes besseres Maß. Natürlich taucht sofort die Frage auf, ob nicht auch jedes andere Maß manipulierbar ist, und wir also grundsätzlich uns von jedem Einsatz der Finanzmathematik verabschieden sollten, wie dies bereits gefordert wurde. Wird es nicht immer »regulatory arbitrage« geben, wie auch immer wir die Regeln gestalten?

Dies ist aber falsch. Ganz genau so, wie die mathematisch-

ökonomische Analyse es uns erlaubt, Unsicherheiten im atomaren Detail zu verstehen, gibt sie uns auch das Handwerkszeug
an die Hand, diese Unsicherheiten zu messen und herauszufinden, ob es nichtmanipulierbare Risikomaße gibt, und wenn ja,
wie diese dann aussehen würden. Wir benutzen dafür die axiomatische Methode, deren größte Erfolge die Entwicklung der
Geometrie durch Euklid im Altertum und die Entwicklung der
theoretischen Physik durch Newton darstellen.

Wie funktioniert eine solch axiomatische Methode nun für
unseren Fall der Risikomaße? Man überlegt sich, welche Eigenschaften ein solches Maß haben sollte: Es sollte zum Beispiel bestrafen, wenn man mehr Risiko eingeht; es sollte je-
manden belohnen, der sich absichert; und es sollte sichere
Anleihen als Anlageform akzeptieren. Value at Risk sieht Risiken auf Ereignissen mit kleinen Wahrscheinlichkeiten nicht
und bietet daher einen Anreiz zu spekulieren. Wir hingegen
möchten, dass die Banken dafür belohnt werden, wenn sie
volkswirtschaftlich vernünftige Dienstleistungen anbieten und
bestraft oder zumindest eingeschränkt werden, wenn sie hohe
unnötige Risiken eingehen.

All dies kann man axiomatisch formulieren und die Frage
stellen, welche Form solche guten Risikomaße haben. Die Mathematik sagt uns dann, mit welchen Formeln man Risiken
messen sollte.[54] Falls Sie inzwischen Freude an solcher Analyse
gefunden haben sollten, empfehle ich Ihnen die Fußnoten dieses Kapitels, in denen ich genauer die Methodik erläutere. Ich
denke aber, dass man die wesentliche Botschaft auch so verstehen kann.

Die Antwort auf unsere Frage nach der Form der richtigen
Risikomessung lautet: Risiko muss durch robuste Worst-Case-
Erwartungen gemessen werden.[55] Und natürlich gilt: Value at
Risk ist kein solches Risikomaß. Lassen Sie mich kurz anschau-
lich erklären, wie das robuste Messen von Risiken funktioniert.

Zunächst einmal sagt uns die Analyse, dass wir auf Erwartungswerte, nicht auf Quantile, schauen sollen. Value at Risk konnten wir gerade deshalb aushebeln, weil es Ereignisse, die eine sehr kleine Wahrscheinlichkeit haben, gar nicht sieht. Wenn man aber die *erwarteten Verluste* ausrechnet, muss man bei unserer Spekulation die kleinen Wahrscheinlichkeiten mit den großen Verlusten multiplizieren, was eine gar nicht mehr so kleine Zahl ergibt. Unser einfacher Trick aus Kapitel 2, mit dem wir Value at Risk umgangen haben, funktioniert dann nicht mehr.[56]

Erwartungswerte allein sind natürlich kein gutes Maß für das Risiko einer Bank, weil sie die möglichen Streuungen nach unten nicht berücksichtigen.[57] Deshalb sagt uns die Analyse zudem, dass wir die Erwartungswerte unter mehreren Szenarien ausrechnen und dann den schlimmsten Fall (»worst case«) nehmen sollen. Auf diese Art und Weise erfassen wir mögliche ungünstige Ausreißer nach unten, die uns am meisten Sorge bereiten sollten, wenn wir liquide bleiben wollen.[58] Da wir für verschiedene Szenarien jeweils den schlimmsten Fall wählen, gewichten wir automatisch Verluste stärker als Gewinne. Somit erreichen wir auch die gewünschte Asymmetrie zwischen Gewinnen und Verlusten.

Robuste Worst-Case-Erwartungen sind aber auch aus einem anderen, fundamentaleren Grunde Value at Risk überlegen. Bei Value at Risk rechnen wir bestimmte Wahrscheinlichkeiten aus; dass diese Wahrscheinlichkeiten subjektiven Einflüssen unterliegen, gerade wenn wir Ratingagenturen erlauben, sie zu bestimmen, ist klar. Die axiomatische Methode sagt uns nun, dass wir insgesamt mit der Wahrscheinlichkeitstheorie vorsichtig umgehen müssen. Misstraue deinen Modellen, ruft sie uns zu.

Wir treffen hier wieder auf die schon erwähnte Modellunsicherheit: Wenn man Mathematik auf soziale Systeme anwendet, kann man die einzelnen Parameter nicht wie in naturwissenschaftlichen Experimenten kontrollieren. Also sollte man stets mit einer ganzen Klasse von möglichen Modellen arbeiten. Ein vorsichtiger Ansatz achtet dann darauf, dass selbst im schlechtesten Fall die Verluste kontrollierbar sind.

Die Theorie dieser Risikomaße ist in den letzten fünfzehn Jahren entwickelt worden,[59] doch leider hat sie sich bislang kaum auf den Finanzmärkten durchgesetzt. Wenn ich mit Vertretern der Banken spreche, sagt man mir stets: »Wir wollen keine Regulierung, die unser Business-Modell zerstört.« Wir müssen uns als Theoretiker durchaus auch vorwerfen lassen, dass wir bei solchen Argumenten selbst oft zu schwach dagegenargumentiert haben: Ohne die Banken abschaffen zu wollen, wollen wir natürlich einen gewissen Teil des »Business-Modells« zerstören! Es ist nun auch die Pflicht der Wissenschaftler, dies offen gegenüber den Banken zu vertreten, auch wenn viele unserer Absolventen gerade bei diesen Banken arbeiten. Es ist wichtig, dass wir unsere Thesen stärker in der Öffentlichkeit vertreten, damit diese sich in den Kommissionen niederschlagen, welche die zukünftige Regulierung bestimmen. Solange die Banken selbst zu einem großen Teil die Regeln ihrer eigenen Regulierung bestimmen, wird es nicht zu einer breiten Verankerung der Risikomaße kommen.

Die mathematisch-ökonomische Analyse des Problems der Risikomessung liefert uns also die Richtung, in die wir denken müssen: Risiko ist durch robuste Worst-Case-Erwartungen zu messen. Es bleibt dann aber noch eine Vielzahl von Möglichkeiten, wie man dies genau umsetzt, und dies ist ja auch gut so. Es gibt nicht genau ein Maß, das Risiko perfekt beschreibt. Aber welche Art von Methode zu verwenden ist, ist nun klar.

Die konservativste Art und Weise, Risiken durch robuste Erwartungswerte zu messen, ist uns in diesem Buch schon begegnet: Es handelt sich um Superhedges. Dies waren die Absicherungsstrategien aus dem vierten Kapitel, wo wir die Grenzen der Finanzmarkttheorie besprochen haben. Mit einem solchen Superhedge rechnet man aus, wie viel es kosten würde, sich unter allen Umständen risikolos glattzustellen, also niemals Verluste zu machen.

Wichtig ist, dass uns die axiomatisch-mathematische Methode sagt, dass der Preis der perfekten Absicherung ein gutes Risikomaß ist. Er ist im Übrigen nicht oder nur viel schwerer manipulierbar, und er hängt nicht von den Wahrscheinlichkeiten ab, die wir seltenen Ereignissen zuordnen. Zudem ist er auch unabhängig von irgendwelchen subjektiven Ratings, weil er ohne solche Hilfsgrößen berechnet werden kann.

Ich halte es für gut, dieses Risikomaß zumindest zum Teil als Regulierungsmaß in Erwägung zu ziehen. Lebenswichtige Teile einer Bank sollten zumindest *wissen*, wie viel Liquidität sie für eine vollständige Absicherung aller Risiken benötigen. Es würde die Innovationskraft einer Wirtschaft zu stark einschränken, wenn wir stets fordern würden, dass die Institute die komplette Summe als Liquiditätspuffer vorhielten. Aber es würde das Management sicherlich zu einem weit besseren Risikocontrolling anhalten, wenn sie nicht manipulierte und zu kleine Value-at-Risk-Zahlen erhielten, sondern wüssten, wie viel es im Prinzip kosten würde, alle Positionen von heute auf morgen glattzustellen. Das Superhedging-Riskomaß, das die Kosten perfekter Absicherung bestimmt, ist ein wertvolles und nicht manipulierbares Risikomaß.

Jede Investmentbank wird an dieser Stelle natürlich aufschreien, denn Superhedges sind teuer. Sie sind sogar so teuer, dass sie sofort einen Großteil der spekulativen Kreditgeschäfte stilllegen würden. In der Tat ist bekannt, dass viele Wetten auf die Volatilität (Streuung) eines Aktienpreises sich überhaupt nicht absichern lassen. Dies würde mit dem Superhedging-Maß dramatisch ans Licht gezerrt und würde auch den Chefs klar machen, dass der Händler, der solche Produkte verkauft, gerade spekuliert. Kreditderivate werden durch dieses Risikomaß ebenfalls stark bestraft: Letztlich müsste man bei den meisten Produkten die maximalen möglichen Kosten ausweisen, was viele Deals unmöglich machen würde. Stellen Sie sich nur einmal den spekulierenden Händler vor, der kleinlaut seinem Management zugeben müsste, das seine Superhedging-Kosten leider im Billionen-Bereich liegen ... Allein das Offenlegen der Risiken diszipliniert oft schon den Markt.

In diesem Fall würde man die Ratingagenturen ganz aus dem System der Risikomessung herausnehmen: Wir würden ihnen nicht mehr das Recht zugestehen, »objektiv« Risiken zu beurteilen. Nur was man über den Markt perfekt absichern kann, würde als risikolos angesehen. Kreditderivate, selbst solche mit einem dreifachen »A«, würden dann nicht mehr in großem Stil gehandelt. Denn man kann sie nicht perfekt absichern, weil auch diese ausfallen können – und gegen einen solchen Ausfall gibt es keine Aktie, die uns absicherte.

Eine Regulierung auf der Basis dieses Risikomaßes würde sofort zu einem extrem stabilen (und, aus Händlersicht, extrem langweiligen) Finanzmarkt führen. Eventuell ist dies also die Richtung, die wir zunächst einmal einschlagen sollten, einfach, um viele übertriebene Anwendungen der Finanzmathematik abzuschneiden und ausbluten zu lassen. Wie gesagt: Das muss nicht sein. Man kann auch andere, weniger restriktive robuste Worst-Case-Erwartungen in Betracht ziehen, die eventuell auch den Ratingagenturen noch eine echte Rolle im Regulierungsprozess zugestehen. Allerdings muss man dabei sehr vorsichtig sein, weil man sonst eben wieder manipulierbare Regeln erhält. Hier gibt es viele Beispiele, die in der Theorie gut verstanden sind und die man einfach einmal testen müsste, wenn einem die maximal konservative Lösung der Superhedges nicht schmecken sollte.

Eine einfache Möglichkeit, die zurzeit diskutiert wird, besteht im so genannten Expected Shortfall – eine Erweiterung von Value at Risk, die den oben angedeuteten Axiomen genügt. Hier ersetzt man Value at Risk durch den maximalen mittleren

Verlust, den man auf Ereignissen kleiner Wahrscheinlichkeit macht. Dies wäre eine sehr leichte Änderung des gegenwärtigen Systems, das aber auch einige Tricksereien ausschließen würde; allerdings scheint es mir persönlich eine zu schwache Abänderung des Bestehenden zu sein. So blieben bei dieser Änderung die Wahrscheinlichkeiten für kleine Ereignisse im Spiel – und mit ihnen auch die Einschätzungen der Ratingagenturen. Es würden zwar immerhin die erwarteten Verluste berechnet, aber die Manipulationen der Wahrscheinlichkeiten durch die Ratingagenturen würden weiterhin stattfinden.

In diesem Falle sollte man die Modellunsicherheit, die immer in den Bewertungen der Ratingagenturen vorhanden ist, explizit in den Kalkül einbeziehen. Dies könnte man auf einfache Art zum Beispiel bewerkstelligen, indem man ein sehr gutes Ranking wie »A« etwa wie ein »B« bewertet würde. Allerdings gibt es leider Grund zu der Annahme, dass die Ratingagenturen auf eine solche Regulierung strategisch reagieren würden: Im Wissen, dass ihre gute Bewertung vom Regulierer wie eine mittlere angesehen würde, würden sie einfach eine noch bessere Bewertung abgeben, um dem entgegenzuwirken. Bei diesem Spiel würde es dann zu einer Inflation der Bewertungen kommen, so dass wir am Schluss wieder dieselben Probleme hätten. Eine Alternative zu den privaten Agenturen, die ja stets mit Interessenkonflikten zu kämpfen haben, weil sie von denjenigen, die sie beurteilen sollen, bezahlt werden, wären staatliche Agenturen, die idealerweise solchen Konflikten nicht ausgesetzt sind. Eine solche staatliche Agentur hätte auch den Vorteil, dass wir sie dazu zwingen könnten, die Methode ihres Ratings transparent aufzudecken – was dann vermutlich wiederum zeigen würde, dass diese Ratings ohnehin nicht viel wert sind.

Hier kommen wir wieder einmal an die Grenzen wissenschaftlicher Analyse: Es liegt in der Natur der Sache, dass die Wahrscheinlichkeit eines Kreditausfalls nur sehr grob geschätzt werden kann. Es ist daher ein Missverständnis, wenn man solche Kennzahlen, die für individuelle Entscheidungen einen ersten Anhaltspunkt geben mögen, ernsthaft in exakte Wahrscheinlichkeiten übersetzen wollte. Ratings sollten folglich aus der Risikomessung verschwinden.

Die Risikomaße bilden aber die Basis für eine vernünftige Eigenkapitalvorsorge der Banken. Mit Risikomaßen müssen die Banken ihre Spekulationsgeschäfte mit hinreichend viel Liquidität hinterlegen. Sie bestrafen nicht die gewünschten (Versicherungs-)Geschäfte; Risikomaße lassen sich so konstruieren, dass der abgesicherte Anteil der Bankgeschäfte gerade nicht bestraft wird. Die Risikomaße setzen also genau die richtigen Anreize für einen in der jetzigen Krisenzeit geradezu utopisch anmutenden Zustand vernünftig und im Sinne der Gesellschaft handelnder Banken.

Gute Risikosteuern

Wenn es gelingen sollte, ein gutes Risikomaß auf den Märkten und bei den Regulierern durchzusetzen, haben wir einen idealen Hebel für eine vernünftige Spekulationssteuer.

Eine solche Risikosteuer erhebt nämlich gerade keine Steuern auf normale Kreditgeschäfte, von denen etwa der Mittelstand so stark abhängt. Es werden auch keine Steuern auf vernünftige Anlagestrategien erhoben, bei denen man versucht, langfristig eine gute, wenn auch nicht übermäßige Rendite zu erzielen. Ferner, und das ist mir ebenfalls wichtig, wird der sinnvolle Gebrauch der Finanzmathematik nicht bestraft: Wenn sie als Versicherungswerkzeug eingesetzt wird, fallen keine Steuern an. Hingegen werden Spekulationen, die ungedeckt sind, bestraft. Derivatgeschäften, die rein der »Hebelung« gewisser Risiken dienen, um im Mittel höhere Renditen zu erzielen, die aber mit kleiner Wahrscheinlichkeit riesige Verluste bedeuten, wird der Zahn gezogen.

Eine solche Steuer wird übrigens die Staatshaushalte nicht so schnell sanieren – aber das sollte vielleicht auch nicht das Ziel sein. Wichtiger, als die Banken für das angerichtete Unheil zu bestrafen, ist es, Anreize für ein vernünftiges Banking zu geben. Und hier hilft auch eine kleine Steuer auf riskante Geschäfte schon enorm, weil sie zum einen das Licht der Regulierer wie der internen Risikomanager auf die ungewünschten Geschäfte wirft und zum anderen gleichzeitig deren Rendite schmälert – und all dies, ohne dass das erwünschte Finanzgeschäft leidet!

Gute Risikosteuern erhebt man auf Basis von Risikomaßen.

Marktmacht muss reguliert werden: Lizenzen für Investmentbanken

Da das Bankensystem die gegenwärtige Schuldenkrise wesentlich verschuldet hat, fühlen viele Menschen intuitiv, dass es sich auch an der Überwindung der Schulden beteiligen sollte. Wenn wir unsere Schulden nur über die Schultern der Allgemeinheit und Inflation bekämpfen, spielen wir in unverantwortlicher Weise mit dem Zusammenhalt unserer Gesellschaft. Sowohl allgemeine Steuern wie auch Inflation belasten gerade mittlere und einfache Haushalte stärker als die wohlhabenden Schichten mit ihren diversifizierten Vermögensstrukturen; die inhärente, wenn auch nur unklar verstandene Ungerechtigkeit solcher Politik wird irgendwann in Wut und Frustration umschlagen.

Wie aber sollen wir die Banken beteiligen? Weiter oben habe ich schon mehrere unvollkommene Versuche besprochen, die das Ziel nicht erreichen werden. Auch die von mir beschriebene Risikosteuer setzt lediglich richtige Anreize für das Umgehen mit Finanzmathematik, wird aber auf Dauer die Staatsfinanzen nicht sanieren. Es gibt aber noch andere ökonomisch sinnvolle Hebel, die es dem Staat erlauben, ohne Verzerrung die Banken an der Schuldentilgung zu beteiligen. Diese Verfahren haben zudem noch weitere Vorteile und werden dazu beitragen, einen gefährlichen Eisberg, auf den wir gerade erst zufahren, zu umschiffen: die Kombination aus Marktmacht und Finanzmathematik.

Ich habe oben versucht, klarzustellen, dass die Finanzmathematik gefährliche Möglichkeiten eröffnet, wenn die Banken Einfluss auf die Preise der zugrunde liegenden Aktien ausüben können, wenn also Marktmacht eine Rolle spielt. Märkte, auf denen solche monopolistischen oder oligopolistischen Einflüsse eine Rolle spielen, müssen reguliert werden. Bekannte Beispiele sind die Märkte für die Energieversorgung und die Telekommunikation. Hier gibt es natürlicherweise nur wenige Anbieter, die aus diesem Grund große Macht besitzen. Verschiedene Regulierungsbehörden überwachen daher mehr oder weniger gut das Funktionieren dieser Märkte.

Auf dem globalen Finanzmarkt benötigen wir große und wohlgeführte Banken, die in der Lage sind, komplexe Finanztransaktionen zu steuern und Liquidität für das Funktionieren der Industrie (und der Staatsfinanzen) bereitzustellen. Lokal führt dies aber immer wieder zu Marktmacht. Fürs Erste scheint es mir nicht möglich, mit einer großen Menge kleiner Banken die anstehenden Probleme lösen zu wollen, für die dann annäherungsweise so etwas wie perfekter Wettbewerb vorliegen würde.

Schließlich haben wir noch ein drittes Problem. Das gute Umgehen mit Finanzmathematik erfordert eine Mischung aus intelligenten mathematisch gebildeten Händlern und ökonomisch geschulten Risikomanagern mit guter Urteilskraft. Hieraus ergibt sich, dass wir das Design neuer Finanzprodukte nicht allen Banken erlauben sollten. Nur Institute, die ein vernünftiges Konzept und die Mittel für ein solides Finanzmanagement vorweisen können, sollten Derivate selbst erstellen und vertreiben dürfen. Wohlgemerkt: Alle Akteure am Finanzmarkt sollten weiterhin das Recht haben, diese Titel zu kaufen. Es geht hier nicht darum, die Finanzmathematik komplett zu verbieten, was im Übrigen eh nicht möglich sein würde. Nur die Konstruktion und Bewertung von Titeln gehört in die Hände von Experten (die dann kontrolliert werden müssen). Weiterhin aber sollen die Individuen und Firmen von den sinnvollen Möglichkeiten der Finanzmathematik profitieren.

Ich schließe mich daher dem schon vielfach geäußerten Vorschlag an, die Investmentabteilungen der Banken anders zu behandeln als das Grundgeschäft der Banken. Das bedeutet nicht unbedingt, dass man per Gesetz verbietet, dass ein Institut sowohl Geschäfts- wie Investmentbank ist. Es bedeutet aber schon, dass der Investmentbereich einer speziellen Regulierung unterliegt.

Es gibt ein ökonomisch sinnvolles Verfahren, das die drei angesprochenen Probleme, Beteiligung der Banken an der Schuldentilgung, Regulierung der Marktmacht und Kontrolle der Investmentabteilungen, löst. Wir vergeben eine begrenzte Zahl an Lizenzen für Investmentbanken und versteigern diese in einer Auktion, ähnlich wie dies bei der UMTS-Auktion für den Mobilfunk geschehen ist. Bei diesen Auktionen wurden europaweit Rechte versteigert, gewisse Bandbreiten für den Mobilfunk zu nutzen. Den größten Erfolg feierte die Auktion in Deutschland mit mehr als 50 Milliarden Euro für die Staatskasse.[60] Allgemein gelten solche Auktionen, deren Erfolg durchaus von den Regeln der Auktion und dem Wettbewerbsumfeld abhängt, als eine angemessene Art und Weise, ein knappes Gut auf wenige Marktteilnehmer zu verteilen.

Gleichzeitig ermöglichen sie den Regulierungsbehörden, juristische Hebel anzusetzen: Sobald man eine Lizenz ersteigert, ist man an die zugehörigen Pflichten gebunden. Im Mobilfunk musste etwa eine angemessene Versorgung der Bevölkerung sichergestellt werden. Ähnliches ließe sich durchführen für das Recht, eine Investmentbank zu sein, die Finanzmathematik benutzen und Derivate selbst erstellen darf.

Solche Auktionen würden zum einen viel Geld einbringen (wobei der Staat es nicht übertreiben sollte). Sie beteiligen daher die Banken an der Tilgung der Schulden und haben den großen Vorteil, dass sie die Preise auf den Finanzmärkten nicht verzerren. Im Gegensatz zu Transaktionssteuern werden sie nicht auf die einzelnen Preise aufgeschlagen und können auch nicht auf den Kunden überwälzt werden. Die Sparer und mittleren Unternehmen sind also von einer solchen Auktion nicht negativ betroffen – anders als alle bisher vorgeschlagenen Verfahren, und ganz zu schweigen von den verschiedenen Formen der Enteignung, die zurzeit im Gespräch sind.

Ein Lizenzierungsverfahren erlaubte den Regulierungsbehörden zudem, genau zu wissen, welche Institute potentiell gefährlich für die Finanzmarktstabilität sind und gerade von diesen ein solides Risikomanagement einzufordern. Über die Zahl der vergebenen Lizenzen hätte der Staat darüber hinaus die Möglichkeit, die Marktmacht der einzelnen Banken zu steuern. Um ein Beispiel zu geben: Im Extremfall könnte man nur eine Lizenz vergeben. Die Institute dieser Welt würden dann bereit sein, sehr viel Geld für die Möglichkeit monopolistischer Marktmacht auszugeben. In der Tat kann man zeigen, dass eine solche Vergabe zu den höchsten Einkünften für den Staat führen würde. Hier darf man sich aber von einmaligen Einnahmen nicht blenden lassen: Für die Marktmacht des Monopolisten müsste anschließend die Gesellschaft zahlen. Hier muss man also zwischen dem Wunsch nach hohen Einnahmen über die Lizenzauktion und dem Design eines möglichst guten Finanzmarktes abwägen. Je mehr Lizenzen man vergibt, umso kleiner ist die Marktmacht der einzelnen Investmentbank.

ACHTES KAPITEL

Zum Schluss

Hier endet unsere Reise durch die wundersame Welt der Finanzmathematik und der Wirtschaftswissenschaften. Die Titanic ist, wenn ich mein Bild vom Anfang aufnehmen darf, untergegangen, und hilflos sehen wir einsame Überlebende im eiskalten Wasser des Nordatlantiks. Wen wollen wir retten? Dort schwimmt ein Wirtschaftsweiser, dort ein Finanzpolitiker, am Horizont ruft ein Kind – im Rettungsboot sitzen ein paar Banker, wie es eben so geht im Leben.

Letztlich entscheiden wir alle, wie es weitergehen soll. Wirtschaftspolitische Beratung hat ganz neu anzufangen, wenn Sie mich fragen. Wenn ich überzeugend war, werden Sie mir glauben, dass die Zeit der Prognosen und heroischen Berechnungen von zukünftigen Kosten ein Ende nehmen muss. Die Wirtschaftswissenschaft kann sehr gut Strukturen analysieren und Politikern aufzeigen, wie sich rationale und egoistische Akteure in einem gegebenen Umfeld verhalten werden. Dies kann man benutzen, um eine Ordnung der Wirtschaft herzustellen, die bei größtmöglicher Freiheit des Einzelnen den Missbrauch der Mächtigen so weit wie möglich eindämmt. Mir scheint, dass dies ein hinreichend wertvolles Unterfangen ist; dass wir dann die Zukunft nicht vorhersagen können, sollte uns ein gern gemachtes Eingeständnis sein.

Die Untersuchung der Finanzmärkte auf strategische Fallen ist ein großes Zukunftsthema, dem sich die Wissenschaftler widmen sollten. Hier müssen Spieltheorie und Finanzmathematik zusammenfinden – ein faszinierendes Forschungsprogramm, wenn Sie mich fragen. Für die Praxis reicht aber zuerst einmal, wenn wir uns nicht mehr von den angeblichen Wunderwaffen der Derivate blenden lassen. Die Finanzmathematik kann sehr gut versichern, wenn Sie ein komplexes Versicherungsproblem haben. Falls Sie kein Versicherungsproblem haben und einfach nur Geld verdienen wollen, kann Mathematik *nicht* helfen. Wenn sich diese Erkenntnis allgemein durchsetzen sollte, was ich kaum zu hoffen wage, sollte ein wesentlicher Grund der aufgeblahten Finanzwelt wegfallen. Die Banken, die Finanzmathematik betreiben, brauchen ein zunächst einmal enges Korsett, das sich durch Lizenzierung erreichen lässt. Gleichzeitig wird diese Lizenzierung dazu beitragen, dass endlich ein nicht vernachlässigbarer Anteil der Schulden vom Finanzsektor selbst getragen wird. Wir kämen dann ohne schleichende oder galoppierende Inflation, Enteignungen von Sparern oder Staatsbankrotten durch. Werfen Sie ein paar Leute aus dem Rettungsboot, und retten Sie das Kind.

Anmerkungen

1   Im Vorwort zu Robert C. Merton's Buch *Continuous-time Finance*, Blackwell 1990.

2   Carmen M. Reinhardt, Kenneth S. Rogoff, *This Time is Different: Eight Centuries of Financial Folly*, Princeton University Press 2009.

3   Um ein konkretes Beispiel zu geben, wenn der Mathematikunterricht schon zu lange zurückliegt: Denken Sie an den DAX in den vergan-genen, sagen wir, tausend Handelstagen. Um die Varianz zu bestimmen, ermitteln Sie zunächst, wie stark sich der DAX im Durchschnitt jeden Tag änderte. Die Varianz soll zeigen, wie stark die einzelnen Änderungen im Schnitt von diesem langfristigen Mittelwert abweichen. Dazu bilden Sie für jeden Tag das Quadrat der Abweichung vom Mittelwert und mitteln diesen Wert wiederum über die Zeit. Wenn Sie anschließend die Wurzel nehmen, erhalten Sie eine Annäherung für die typische Streuung um den zu erwartenden Mittelwert herum. Diese Methode ist beispielsweise recht gut geeignet, um die Ungenauigkeit einer Methode zu messen. Wenn zwei Maschinen etwa im Schnitt immer dieselbe Qualität produzieren, so heißt dies noch lange nicht, dass sie gleich gut sind. Wenn die eine Maschine eine hohe Varianz aufweist, so produziert sie eben oft überdurchschnittlich gute Qualität, aber auch oft Ausschuss. Die Maschine, die mit hoher Sicherheit immer dieselbe Qualität erzeugt, ist dann vorzuziehen.

4   Till Guldimann, der damalige Head of Global Research bei der Investmentbank JP Morgan, gilt als einer der Erfinder von Value at Risk. Er förderte dessen Erfolg, indem er die zugehörige Methodik seinen Kunden erklärte und kostenlos zur Verfügung stellte. Dies führte dazu, dass Value at Risk schnell seinen Siegeszug durch die Banken antrat und schließlich so allgemein anerkannt war, dass es auch den Basler Ausschuss für Bankenaufsicht überzeugte. Es ist schwer, wenn nicht unmöglich, zu beweisen, dass Value at Risk mit der Absicht eingeführt wurde, restriktive Eigenkapitalregeln zu lo-

ckern und zu umgehen, obwohl dies zuweilen behauptet wird (etwa von Nassim Nicholas Taleb, Autor des Bestsellers *The Black Swan*). Klar ist aber, dass man kein Genie sein muss, um die Schwächen von Value at Risk zu erkennen. Zudem wurde durchaus auch in der akademischen Literatur schon früh auf diese eklatanten Fehler hingewiesen. So schrieben eine Reihe bekannter Professoren der London School of Economics und der ETH Zürich im Jahre 2001 in *An Academic Response to Basel II*: »The proposed regulations fail to consider the fact that risk is endogenous. Value-at-Risk can destabilise an economy and induce crashes when they would otherwise not occur.« Viel deutlicher kann man es eigentlich nicht sagen. Andererseits muss man zugeben, dass dieser Standpunkt für längere Zeit nicht zum Mainstream der Finance-Forschung gehörte. So gab es eben auch eine breite Literatur zur Implementation und statistischen Berechnung von Value at Risk, es wurden lukrative Kurse angeboten und ganze Lehrbücher zu Value at Risk verfasst. Hierzu gehört etwa *Value at Risk. The New Benchmark for Risk Managing Financial Risk* von Philippe Jorion. Er sagt: »There is no doubt, however, that VAR-based portfolio models of credit risk should, in theory, provide better allocation of capital.« Ohne Zweifel soll laut Jorion Value at Risk zu einer besseren Verteilung des Kapitals führen, jeweils theoretisch gesehen. Es ist natürlich schon empörend, dass ein einflussreicher Wissenschaftler eine solche Unwahrheit in die Welt stellt, ob bewusst oder unbewusst. In der Theorie war es jedenfalls schon damals klar, dass Value at Risk nicht zu einer besseren Verteilung des Kapitals führt. Warum es dann in der Praxis besser funktionieren soll, will mir zumindest nicht so recht einleuchten. Im Übrigen wussten sowohl der damalige Chairman der amerikanischen Zentralbank wie auch Jorion, dass man Value at Risk manipulieren kann. Die Praktiker sprechen dabei von »regulatory arbitrage«, also Gewinnen, die man gerade wegen der (schlechten) Regulierung einfährt. Aber Jorion zitiert da »Chairman Greenspan«, der für ihn wohl eine ähnliche Autorität besitzt wie einst »Chairman Mao« für andere: »In many cases, regulatory arbitrage acts as a safety-valve for alleviating adverse effects of regulatory capital requirements that are well in excess of the levels warranted by a specific activity's underlying risk.« Greenspan findet also, dass oft auch »exzessiv« reguliert wird, mehr, als die zugrunde liegenden Risiken rechtfertigen; gewisse Gewinne, die smarte Banken aus der falschen Regulierung schlagen können, stellen aus seiner Sicht dann eine gerechtfertigte Entschädigung dar.

5   Der statistisch gebildete Leser wird bemerken, dass mein Frage-Ant-
    wort-Spiel nicht immer zu einer eindeutigen Lösung führen muss.
    Das hat damit zu tun, dass ein Quantil nicht immer eindeutig be-
    stimmt ist. Es kann also sein, dass ich sowohl bei der Frage, wie groß
    die Wahrscheinlichkeit ist, 1 Million Euro oder mehr zu verlieren wie
    bei der Frage, wie groß die Wahrscheinlichkeit ist, 2 Millionen oder
    mehr zu verlieren, die Antwort 5 Prozent erhalte. Man erhält dann
    ein ganzes Intervall von Quantilen. In diesem Fall ist sich auch die
    Praxis in den Banken wie die Theorie nicht ganz einig, was die »beste«
    Definition von Value at Risk ist. In der akademischen Literatur wird
    üblicherweise entweder der maximale oder der minimale Wert ge-
    nommen; manche Praktiker schlagen auch vor, ganze Intervalle anzu-
    geben. Dies wäre sicherlich genauer und transparenter, würde aber
    der Grundidee zuwider laufen, das komplexe Risiko der Position auf
    eine Zahl zu reduzieren.

6   Die Annahme der Normalverteilung trifft auf Finanzmärkten oft
    nicht zu. Die Normalverteilung beschreibt das Ergebnis von vielen,
    kleinen zufälligen Einflüssen. In »normalen« Zeiten ist das oft eine
    recht gute Näherung für das Verhalten von Preisen auf Börsen, die
    sich ja über die Verarbeitung vieler Angebote und Nachfragen »klei-
    ner« Investoren bilden. Bei einer Normalverteilung haben große
    Preissprünge dann eine Wahrscheinlichkeit nahe null, da sie nur
    möglich wären, wenn die vielen kleinen unabhängigen Informationen
    allesamt in dieselbe Richtung zeigten. Etwa so, wie fünfzigmal hinter-
    einander eine Sechs zu würfeln, was praktisch kaum vorkommt. Wie
    wir aber wissen, gibt es auf den Börsen auch immer wieder »große«
    Neuigkeiten, die zu Sprüngen und Ausschlägen führen, die die Nor-
    malverteilung nicht im Modell hat. Ein weiteres statistisches Prob-
    lem, das sich in der Krise zeigte, ist die richtige Auswahl von Daten
    und Zeithorizonten: Im Prinzip beruhen fast alle statistischen Verfah-
    ren auf der Annahme, dass sich der Ausschnitt der Welt, den man be-
    trachtet, nicht stark ändert (in statistischer Sprache also stationär ist).
    Wenn man nun Daten aus einem kurzen Zeitraum nimmt, wie dies oft
    in den Banken geschah, erhält man mit statistischen Methoden natür-
    lich auch (zu) optimistische Schätzer für die Zukunft.

7   Lassen Sie mich für die statistisch-entscheidungstheoretisch interes-
    sierten Leser einen Punkt aufgreifen, den ich in einer anderen An-
    merkung bereits angedeutet habe und der nun wieder eine Rolle
    spielt. In meinem Beispiel addieren sich die Wahrscheinlichkeiten der
    Ereignisse A und B exakt auf 5 Prozent. Dies führt dazu, dass das

5-Prozent-Quantil, also Value at Risk, nicht eindeutig definiert ist. So ist etwa auch 0 Euro ein möglicher Value at Risk, denn die Wahrscheinlichkeit, überhaupt etwas zu verlieren, beträgt ebenfalls 5 Prozent. Man könnte also als Risiko auch null angeben, was meinen Punkt nur noch deutlicher hervortreten lässt: Value at Risk sieht manche Risiken nicht. Unter der Schranke schlüpfen die Verluste auf den kleinen Ereignissen durch, ohne dass es dem Risikomanagement bewusst würde. So wurde möglich, dass während der Finanzkrise riesige Positionen aufgebaut wurden, die ohne und mit sehr wenig Eigenkapital hinterlegt waren.

Wenn man übrigens ein ähnlich einfaches Beispiel haben möchte, bei dem das 5-Prozent-Quantil eindeutig festliegt, kann man die Wahrscheinlichkeit für das Ereignis B auf 4 Prozent ändern. Dann beträgt der Value at Risk genau 100 000 Euro, weil 100 000 das einzige 5-Prozent-Quantil ist: Die mathematisch exakte Definition eines 5-Prozent-Value-at-Risk verlangt, dass die Wahrscheinlichkeit, Q oder mehr zu verlieren, größer oder gleich 5 Prozent ist, und die Wahrscheinlichkeit, echt mehr als Q zu verlieren, kleiner oder gleich 5 Prozent ist. Bei dem geänderten Beispiel ist dies nur bei 100 000 Euro der Fall.

8 Wie manchem Leser schon bei der Lektüre meines Beispiels aufgefallen sein wird, kann es sogar sein, dass man theoretisch hier eine »unendliche« Rendite erzielen kann, indem man immer stärkere Verluste mit immer kleinerer Wahrscheinlichkeit akzeptiert. Es gibt in der Praxis natürliche Grenzen, aber man sieht noch einmal, dass die Regulierung durch Value at Risk perverse Anreize zur Spekulation setzt.

9 In seiner detailreichen Beschreibung der Finanzkrise identifiziert Hans-Werner Sinn in seinem Buch *Kasinokapitalismus. Wie es zur Finanzkrise kam und was jetzt zu tun ist* das »Prinzip der beschränkten Haftung« als mikroökonomischen Grund der Bankenkrise. Ich denke jedoch, dass diese Erklärung zu kurz greift und zudem, falls sie sich durchsetzen sollte, extrem schädlich wäre.
Das Prinzip der beschränkten Haftung existiert seit den Gründertagen des Kapitalismus. Wenn es als mikroökonomische Erklärung der Finanzkrise ausreichte, hätte bedingungsloses Spekulieren schon viel früher einsetzen müssen. In der Tat hätten die Banken dann seit jeher darauf aus sein müssen, bedingungslos die Varianz ihrer Portefeuilles zu erhöhen, um an den potenziell riesigen Gewinnen teilzuhaben und lediglich das eingesetzte Eigenkapital zu riskieren. Dies war aber offensichtlich nicht der Fall. Das einfache Bloos-Spiel, das Hans-Wer-

ner Sinn beschreibt und bei dem die Bank im Wesentlichen einen so
genannten »mean-preserving spread« benutzen würde, um bei gleich
bleibender erwarteter Rendite insgesamt eine höhere Eigenkapital-
rendite einzufahren, würde keine interne Risikokontrolle einer Bank
überstehen. Aus diesem Grunde wurde dieses simple Spiel auch niemals praktiziert. Hingegen bedurfte es erst der Entwicklung der Finanzmathematik und der großzügigen Einladung durch die Regulierung mit Value at Risk, um die große Spekulation auf Ereignisse mit
kleiner Wahrscheinlichkeit anzuheizen. Wichtig ist eben hierbei, dass
es möglich war, die Spekulation mit Hilfe einer höheren Varianz auf-
zusetzen, ohne dass die interne oder externe Risikokontrolle davon
etwas erfuhr, weil die Risikokennzahl, Value at Risk, vernünftig aus-
sah. Auch wenn die Unterscheidung zwischen beschränkter Haftung und
Value at Risk manchem subtil erscheinen mag, so ist sie für unsere
Gesellschaft von größter Bedeutung: Wenn wir das Prinzip der beschränkten Haftung als Grund der Krise identifizierten und abschaffen wollten, zerstörten wir die soziale Marktwirtschaft und die Innovationskraft unserer Gesellschaft. Wenn wir Value at Risk abschaffen,
ändern wir lediglich die Regulierung des Finanzmarktes in korrekter
Art und Weise.

10   Das schließt nicht aus, dass die Modelle sehr wohl zur *Analyse* der
Wirklichkeit taugen. Wenn wir uns etwa fragen wollen, welche Konsequenzen eine neue Steuer, eine neue Regulierung oder eine neue
staatliche Förderung hat, ist es sinnvoll, zunächst einmal zu schauen,
ob egoistische, kühl rational handelnde Wesen das neue System aus-
nutzen können. Dies ist etwa so wie bei einem Schachspieler, der stets
darauf hofft, dass sein Gegenspieler einen nur allzu menschlichen
Fehler macht; um gut zu spielen, muss er allerdings in seinen Überlegungen stets davon ausgehen, dass sein Gegenüber den besten Zug
findet (rational ist) und auch gewinnen will (egoistisch ist). Der Wert
der theoretischen Wirtschaftswissenschaft besteht daher meiner Ansicht nach gerade in der Möglichkeit, Gesellschaftssysteme auf ihre
möglichen erwünschten und unerwünschten Konsequenzen untersuchen zu können.

11   In dem Bild werden die einzelnen Sprünge, die in den ersten Simulati-
onen die Größe 1 hatten, immer kleiner. Wenn wir einen Aktienkurs
simulieren wollen, lassen wir immer mehr Perioden zu, normieren die
Sprünge aber so, dass die gesamte Schwankungsbreite konstant
bleibt. Wir halten also die Varianz fest, zum Beispiel auf 1. Um dies zu

erreichen, müssen wir durch die Wurzel der Perioden dividieren. Bei n Schritten, wird aus dem einzelnen Sprung der Größe 1, also ein Sprung der Größe $\frac{1}{\sqrt{n}}$.

12 Schon seit den sechziger und siebziger Jahren des letzten Jahrhunderts wurde die Verwendung der Brownschen Bewegung kritisiert. Ein berühmter Kritiker ist etwa der Erfinder und Popularisierer der Fraktale und Apfelmännchen Benoît Mandelbrot. Er hat schon früh darauf hingewiesen, dass reale Aktienkurse »fat tails« besitzen. Im Grunde haben die Kritiker seit jeher zum Teil Recht: Es gibt wirklich relativ große Sprünge, die immer wieder auftauchen können. Nichtsdestotrotz ist als Grundmodell die Brownsche Bewegung meiner Ansicht nach zu Recht der Standard der Finanzmarkttheorie geblieben – nicht weil sie in jedem Fall das beste und realitätsnaheste Modell darstellte, sondern weil sie gewissermaßen den Newtonschen Fall eines reinen und einfachen Modells darstellt, auf dem man alles andere aufbauen kann. Jeder, der das Grundmodell verwendet, sollte sich jedoch der Grenzen des Modells bewusst sein. Ein guter Ingenieur sollte eben wissen, wann er auf die Newtonsche Mechanik zurückgreifen kann, und wann er komplexere und moderne Physik benötigt. Ebenso hoffe ich mit diesem Buch dazu beizutragen, zumindest ein Bewusstsein für die Grenzen der eigenen Werkzeuge bei den Finanzingenieuren zu fördern.

13 Da es auch nicht alle Wissenschaftler wissen, sei hinzugefügt, dass dies auch in sogenannten zeitstetigen Modellen gilt. Natürlich ist es Standard, bei komplexeren Modellen sofort eine Brownsche Bewegung hinzuschreiben und damit insbesondere normalverteilte Zuwächse (oder logarithmierte Zuwächse) anzunehmen. Es gibt jedoch Untersuchungen, die zeigen, dass man ohne solche Annahmen an die Verteilungen auskommen kann. Diese basieren auf dem von Hans Föllmer entwickelten stochastischen Kalkül und dessen Erweiterungen (»Calcul d'Itô sans probabilités, Séminaire de Probabilités XV«, *Springer Lecture Notes in Mathematics*, 1981.) Eine generelle Überlegung zur Rolle und Notwendigkeit von Wahrscheinlichkeiten in Finanzmarktmodellen findet sich in Frank Riedel, »Finance Without Probabilistic Prior Assumptions«, *IMW Working Paper*, Bielefeld 2011.

14 Meine Übersetzung.

15 Meine Übersetzung des amerikanischen Originals: »But in most banks, the quants are not the decision-makers. When they issue warnings that stand in the way of profits, they are quickly brushed aside.«, zitiert nach »Don't Blame the Quants«, *Forbes Magazine*, 10. August 2008.

16 Es gibt noch ein anderes simples Modell mit Sprüngen *fester* Größe, bei denen man ebenfalls eine Theorie eindeutiger Preise und perfekter Absicherung entwickeln kann. Dieses Modell würde einen Poissonprozess mit bekannter und fester Sprunggröße zugrunde legen; es ist aber empirisch einfach zu weit von den echten Aktienkursen entfernt, um interessant zu sein. Poissonprozesse eignen sich eher, um zufällig eintreffende Ereignisse, zum Beispiel Telefonanrufe oder Kunden in einer Warteschlange, zu zählen.

17 Insgesamt wollen wir folgendes Gleichungssystem in den Unbekannten x (Anzahl Aktien) und y (Anzahl Bonds) lösen:
$$195x + y = 10.$$
$$105x + y = 10.$$
$$95x + y = 0.$$
Hierfür gibt es keine Lösung.

18 Man kann sich natürlich fragen, wie groß die Modellfehler auch in diesem einfachen Fall einer simplen Option auf eine liquide gehandelte Aktie sind. Unser Basismodell unterstellt, dass die Streuung der Preise, also die Volatilität, von Tag zu Tag gleich bleibt. Dieser Parameter wird üblicherweise mit σ bezeichnet. Man kann folgendes Spiel treiben: Unser Modell sagt ja eindeutige Preise für alle Derivate voraus. Wir können dann eine Klasse von Derivaten nehmen, bei denen der Preis eindeutig von der Volatilität σ abhängt. Hier bieten sich zum Beispiel die einfachen Call-Optionen mit verschiedenen Ausübungspreisen (Strikes) an. Da der Zusammenhang eindeutig ist, können wir vom Preis des Calls auf die Volatilität σ zurückschließen, die der »Markt« implizit unterstellen würde (wenn er denn mit unserem Modell den Call-Preis berechnete). Wenn unser Modell perfekt wäre, würden wir für jedes Derivat dasselbe σ zurückerhalten; in einem Graphen, bei dem man Strikes gegen implizite Volatilitäten abträgt, würden wir also eine konstante Linie erhalten. Wenn man dies nun mit wirklichen Daten durchführt, erhält man eine Kurve, die wie ein schiefes Lächeln aussieht. In der wissenschaftlichen Literatur spricht man in der Tat vom »Smile-Effekt«. Mir gefällt dieses Bild sehr gut: der Wissenschaftler hat in übertriebenem Glauben an sein

Modell die überzogene Erwartung an die Wirklichkeit gestellt, sein Modell möge sie doch vollkommen beschreiben. Die Wirklichkeit lächelt nur zurück.

19 Das Problem, das ich hier anspreche, ist so grundlegend, dass es von den meisten Statistikern und Ökonometern gerne verdrängt wird. Wann immer eine Frage die Grundfeste einer Theorie und ihrer Praxis berührt, trifft man zunächst auf Ablehnung und Widerstand, weil befürchtet wird, die Theorie solle vollständig in Frage gestellt werden. Ich kann hier auch nicht verhindern, dass ich von falschen Freunden absichtlich falsch verstanden werde. Wer will, kann meine Kritik natürlich immer so lesen, als würde ich Mathematik, Statistik und ihre Anwendung auf die Finanzmärkte in Frage stellen und widerlegen wollen. Auf Vorträgen zu diesem Thema ist mit schon des Öfteren aufgefallen, dass die Zuhörer sich lieber in ihren eigenen Anschauungen und Vorurteilen bestätigen lassen als Neues zu lernen: Jeder hört dann, was er will. Andererseits ist es ja nicht so, dass ich der Erste wäre, der das Problem der Nichtstationarität ansprüche. Es gibt hierzu auch sehr schöne Ansätze, die in die Praxis häufiger umgesetzt werden müssten. Wir brauchen eine vorsichtigere Ökonometrie, die keine trügerische Genauigkeit vorgaukelt, wo es sie nicht gibt. Dies gilt natürlich erst recht für die makroökonomischen Modelle zur Prognose der wirtschaftlichen Entwicklung, auf die ich später komme.

20 Ich lasse, wie stets in meinen Beispielen, Zinseffekte außer Acht. Wenn die (realen) Zinsen negativ sind und wir längere Zeithorizonte betrachten, kann man schon mit einer niedrigeren Auszahlung in der Zukunft zufrieden sein, einfach um sich abzusichern. In meinen Überlegungen ist der Zinssatz stets null.

21 Ich spiele hier auf zwei Bestseller an, die ich oben schon erwähnte. Hans-Werner Sinn spricht gerne von angelsächsischem Kasinokapitalismus, während Joseph Stiglitz die übermäßige Deregulierung geißelt. Darüber hinaus gibt es weitere Beschreibungen der Finanzkrise, die meiner Ansicht nach ebenfalls den eigentlichen Punkt verfehlen. So wurde von Wirtschaftstheoretikern auch gerne das Problem der »Fristentransformation« als Ausgangspunkt der Krise gesehen. In der Tat gingen zu Anfang der Krise viele Investoren Bankrott, weil sie langfristig gebunden, aber kurzfristig verschuldet waren. Aber gerade das gehört zum ganz normalen Geschäft der Banken und Investoren. Wenn sie an solch einfachen Prinzipien scheitern würden, hätte sich gar nicht erst ein reichhaltiger Finanzmarkt entwickeln können und

auch keine erfolgreiche Marktwirtschaft. Wieder gilt: Die Probleme mit der Fristentransformation entstanden, weil es mit Hilfe der Finanzmathematik in Kombination mit falscher Regulierung (und, was ich hier wenig bespreche, Buchhaltungstricks) möglich war, die Risiken solcher Fristentransformationen zu verstecken.

22 Carmen M. Reinhart, Kenneth S. Rogoff, *This Time is Different. Eight Centuries of Financial Folly*, Princeton University Press. Die Autoren zeigen die analogen Strukturen auf, die für Finanzkrisen seit jeher typisch waren. In der Tat ist die Behauptung, dass *alles* anders sei, falsch, auch wenn es den Menschen, die sie erleben, zunächst so scheinen mag. Es ist aber ein Fehlschluss zu glauben, dass jedes Mal *alles gleich* sei, wie manche Kommentatoren und Interpreten des Buches nahelegen möchten. Vielmehr ist eben manches ähnlich und einiges durchaus anders als zu früheren Zeiten.

23 Andererseits gibt es auch erste Anzeichen dafür, dass die Zinssätze schon viel länger strategisch beeinflusst wurden, als es beim Schreiben dieses Buches bekannt ist. Eventuell gehen die Manipulationen eben doch bis in die Anfänge des LIBOR zurück.

24 Es ist übrigens nicht nur eine Zahl: Heutzutage werden eine ganze Reihe von LIBOR-Sätzen bestimmt für verschiedene Laufzeiten von »über Nacht« bis zu einem Jahr und für zehn verschiedene Währungen. Es gibt also viele verschiedene LIBOR-Sätze. Für unsere Diskussion reicht es jedoch, wenn wir uns auf einen typischen Satz konzentrieren. Der Einfachheit halber werde ich daher oft von *dem* LIBOR sprechen.

25 1969: Es war die Zeit, in der die Finanzmathematik entstand, aber natürlich noch nicht durch Banken und Börsen benutzt wurde.

26 Ich beziehe mich hier auf einen Artikel der *New York Times* vom 6. Juli 2012: Landon Thomas Jr., »Trade Group for Bankers Regulates a Key Rate«.

27 Herr Zombanakis laut *New York Times*, ebenda.

28 Siehe »Behind the LIBOR Scandal«, *New York Times*, 10. Juli 2012.

29 Leider hat ein dieser Tage von einem Feuilletonisten veröffentlichter Bestseller viel Verwirrung gebracht. Frank Schirrmacher behauptet

in seinem Buch *Ego*, dass Spieltheoretiker nach dem Zweiten Weltkrieg zusammen mit den Geheimdiensten versucht hätten, den Menschen zu einem kalten Homo oeconomicus umzuprogrammieren. Die Konsequenzen dieser Untat würden wir nun an der Finanzkrise sehen, denn die Spieltheorie sei nun in allen Banken anzutreffen. Leider liegt Herr Schirrmacher völlig daneben. Es ist in etwa so, als würde man behaupten, die Chemiker hätten die Atombombe erfunden, nicht die Physiker. Keine Bank verwendet Spieltheorie! Die Banken waren ja gerade froh, dass man für die Bewertung von Optionen kein Modell des Menschen brauchte, also eben auch keine Spieltheorie, die sich ja gerade mit der Interaktion rationaler Akteure in strategischen Situationen beschäftigt. In den Banken finden wir Finanzmathematik, die gerade stets ohne Spieltheorie arbeitet. Dies ist übrigens ein Problem: wenn wir den LIBOR-Skandal verstehen wollen, müssen wir gerade die moderne Finanzmathematik und die Spieltheorie zusammenbringen. Dies geschieht gerade jetzt in den ersten Ansätzen und gehört zu den wichtigen Zukunftsthemen der mathematischen Ökonomie.

30 Zu den Städten und Kommunen, die neben dem von mir betrachteten Ort in eine solche Falle tappten, gehörten unter anderem Solingen und Magdeburg in Deutschland, St. Étienne in Frankreich, Mailand in Italien und viele andere. Laut der französischen Zeitung *Le Figaro* vom 4. Dezember 2011 hätten etwa fünftausend Kommunen frankreichweit ähnliche Verträge abgeschlossen. Zitiert wird dort etwa die Kleinstadt Angoulême, die es schaffte, über solche Verträge auf den Zinssatz 14,24 Prozent zu kommen. Obwohl es sich für jede Kommune im Vergleich zu den großen Summen, die wir seit der Finanzkrise gewohnt sind, eher um kleine Zahlen handelt, kommen für Frankreich doch mehr als 10 Milliarden Euro zusammen. Mancherorts wurden bereits einige Banken verklagt – und sowohl freigesprochen wie auch verurteilt.

31 Ich verwende nicht die exakten Zahlen des Falles, weil ich das Prinzip verdeutlichen möchte.

32 Eine beunruhigende Beschreibung dieser missverstandenen Möglichkeiten, die die Finanzmathematik eröffnet, liefert der spannende Insiderbericht von Anne T., *Die Gier war grenzenlos*, Econ 2009.

33 Mit ist natürlich klar, dass die Bonuszahlungen im Allgemeinen eine komplexere Struktur aufweisen. Ich betrachte hier der Einfachheit

halber den Fall, bei dem man eine fixe Prämie von einer Million Euro erhält, wenn der Gewinn des durch den Händler betreuten Bereichs eine gewisse Marke überschreitet. Die Analyse gilt aber auch für andere Bonusstrukturen, bei denen man etwa ab einem gewissen Gewinn proportional zum Überschuss eine Prämie erhält.

34 Bei Value at Risk versucht man, die Wahrscheinlichkeit großer Verluste entsprechend gering zu halten, so dass die Regulierung sie nicht sieht. Nun geht es darum, die Wahrscheinlichkeit großer Gewinne einzustellen. Bis auf das Vorzeichen ist dies ein mathematisch äquivalentes Problem.

35 So hat etwa die Journalistin der *Frankfurter Allgemeinen Zeitung* Lisa Nienhaus die Irrungen und Wirrungen der in den Medien bekannten Volkswirte zwischen 2006 und 2010 schön herausgearbeitet. Ich stimme mit ihr überein, wenn sie schreibt, dass der Respekt, der Volkswirten in Zukunft entgegengebracht wird, auch davon abhängt, welche Lehren gezogen und welche Veränderungen umgesetzt werden. Lisa Nienhaus, *Die Blindgänger. Warum die Ökonomen auch zukünftige Krisen nicht erkennen werden*, Campus 2009.

36 Peter L. Bernstein, *Capital Ideas: The Improbable Origins of Modern Wall Street*, MacMillan International, 1992. Für uns ist ganz interessant, was er in seiner ersten Auflage zu Beginn über die Revolution, die die Finanzmathematik für die Wall Street brachte, schreibt: »Today investors are more keenly aware of risk, and better able to deal with it, than at any time in the past. They have a more sophisticated understanding of how financial markets behave and are capable of using to advantage the vast array of new vehicles and new trading strategies specifically tailored to their needs.« So optimistisch traut man sich dies heute gar nicht mehr zu schreiben. In der Tat weist Peter Bernstein aber auf einen wesentlichen Aspekt hin: Die Wall Street (und auch wir alle) hat viel gelernt durch die Finanzmathematik, und wir werden davon auch als Gesellschaft langfristig profitieren, wenn wir die Finanzmathematik in die richtigen Bahnen lenken. Aus den Bahnen geriet sie durch falsche Regulierung und falsche Anreizsysteme, die sich in den späten neunziger Jahren des letzten Jahrhunderts entwickelten.

37 Die Entwicklung wird im schon erwähnten Buch von Peter Bernstein sowie in dem Buch des Soziologen Donald MacKenzie, *An Engine, Not A Camera*, MIT Press 2006, sehr genau beschrieben.

38 Das Theorem besagt, dass in einer perfekten ökonomischen Welt die Kapitalstruktur einer Firma keinen Einfluss auf ihren Wert hat. Nur wenige Theoreme der Wirtschaftstheorie sind so sehr missverstanden worden wie dieses. Es hat durch die falschen *Interpretationen* des natürlich mathematisch korrekten Sachverhaltes mehr Schaden als Nutzen angerichtet. Für unsere Zwecke ist aber interessant, dass eben dort ein Arbitrage-Argument an prominenter Stelle verwendet wurde. Etwas karikierend kann man sagen, dass das Theorem mit der Wirklichkeit nichts zu tun hat, weil es unterstellt, dass die Finanzmärkte so vollkommen sind, dass sie alle Unsicherheiten wie Innovationen, die mit einer Firma verbunden sind, perfekt bewerten können. Dies ist eng mit der besprochenen Vollständigkeit der Märkte verwandt, die ich im Kapitel über Finanzmathematik besprochen habe. Innovative Firmen entstehen gerade dort, wo der Markt nicht vollständig ist und es etwas Neues zu entdecken gibt. Dann spielt die Art und Weise, wie die Firma sich finanziert, natürlich eine große Rolle.

39 Es muss hier wohl hinzugefügt werden, dass Markowitz nicht unbedingt ein Mainstream-Ökonom der damaligen Zeit war: Er war ein vielseitig interessierter eigenständiger Denker, den an der Volkswirtschaftslehre die Möglichkeit faszinierte, Mathematik mit den Sozialwissenschaften zu verbinden. Wie ungewöhnlich sein Ansatz war, zeigt sich daran, dass Milton Friedman ihm bei der Verteidigung seiner Dissertation unverblümt sagte, man könne ihm keinen Doktortitel verleihen, weil es sich bei Markowitz' Arbeit nicht um Volkswirtschaftslehre handele – eigentlich sei es sogar weder Mathematik noch Volks- noch Betriebswirtschaftslehre. In gewisser Hinsicht gilt dieser Vorwurf auch heute noch; die besten Arbeiten zu den Finanzmärkten lassen sich keinem der drei Gebiete eindeutig zuordnen. Der Vorwurf gilt aber nicht den Autoren der Arbeiten, sondern den jeweiligen Vertretern des Mainstreams. Immerhin muss man aber sagen, dass die Universität Chicago Markowitz trotz des Friedmanschen Vorwurfs den Titel verlieh.

40 In dieser Hinsicht ist interessant, dass Fisher Black dies eigentlich nicht wollte. Er hatte mit einem konkreten Modell für das Verhalten von Händlern, dem erwähnten Capital-Asset-Pricing-Modell, begonnen und wollte den Preis einer Option aus ökonomischen Gleichgewichtsüberlegungen herleiten. In diesem Modell wägen die Akteure die erwartete Rendite gegen die Varianz des Portefeuilles ab. Dies ist ein recht grobes Modell, aber es bildet zunächst einmal die Tatsache ab, dass die meisten Investoren Rendite gegen Risiko ab-

wägen. Fisher Black soll denn auch gesagt haben, dass er stets das Gefühl hatte, am reinen Arbitragebeweis Mertons sei etwas nicht ganz
richtig, und er möge seinen eigenen »ökonomischen« Beweis letztlich mehr.

41   Ein aktuelles Beispiel für eine solche Entwicklung ist das Schicksal
der so genannten Hedge-Fonds, die sich trotz ihres Namens ja gerade
nicht versichern, sondern eher spekulieren. Man kann, vereinfacht
gesprochen, die No-Arbitrage-Theorie, wie wir sie oben angerissen
haben, auch benutzen, um eventuelle Arbitragemöglichkeiten zu entdecken. Systematische Abweichungen von theoretischen Preisen
können dann auf sichere Gewinnmöglichkeiten hindeuten. Manchen
Hedge-Fonds scheint dies erfolgreich gelungen zu sein, für eine
Weile. Nachdem sehr viel Geld in solche Strategien geflossen ist, ver-
schwindet nun auch der Erfolg dieser Fonds.

42   Als Beispiel erlaube ich mir, das Programm der Columbia University,
einer Institution der Ivy League, elegant in der Nähe des Central
Parks in Manhattan gelegen, zu zitieren (http://ieor.columbia.edu/
ms-financial-engineering, Januar 2013):
»Financial Engineering is a multidisciplinary field involving
financial theory, the methods of engineering, the tools of mathematics and the practice of programming. The Financial Engineering Program at Columbia University provides a one-year
full-time training in the application of engineering methodolo-
gies and quantitative methods to finance. It is designed for students who wish to obtain positions in the securities, banking, and
financial management and consulting industries, or as quantitative analysts in corporate treasury and finance departments of
general manufacturing and service firms.
The first half of our program is devoted to the tools of the trade
and their use in modeling financial markets and instruments. Students take courses in stochastic processes, optimization, numeri-
cal techniques, Monte Carlo simulation, and data analysis. They
also study portfolio theory, derivatives valuation, and financial
risk analysis, making use of the methods they have learned.
The second half of the program gives students the opportunity to
take more advanced courses or study specialized topics. We offer
a selection of more detailed courses on current subjects of interest, ranging from models of the term structure of interest rates
to a study of the implied volatility smile, as well as a course on
applications programming for financial engineering. Students

can also choose from a variety of courses on particular markets and their models, for example mortgage-backed securities or credit-risk modeling.« Es geht um stochastische Prozesse, Optimierung, Simulation und Datenanalyse sowie ihre Anwendung auf den Finanzmärkten. Stichworte wie »Economics« oder »Decision Theory«, von mir aus auch »Marktpsychologie«, wenn es denn sein muss, kommen gar nicht vor. Diese Studenten reflektieren niemals über ihr späteres eigenes Tun und denken auch zu wenig über Anreize, Manipulation, aber auch Bedürfnisse der Menschen nach.

43 Das habe ich mit vier Kollegen jüngst gezeigt: Martin Dufwenberg, Paul Heidhues, Georg Kirchsteiger, Frank Riedel und Joel Sobel, »Other-Regarding Preferences in General Equilibrium«, *Review of Economic Studies*, 2011.

44 S. 121 in: *Wirtschaftsprognose. Eine Untersuchung ihrer Voraussetzungen und Möglichkeiten*, Springer, Wien 1928.

45 Das Finetuning wird etwa in Kapitel 8 des im Übrigen wertvollen, weil selbstkritischen und ehrlichen Buches zur Konjunkturprognose von Gunther Tichy, *Konjunktur*, Springer 1990, beschrieben. Der Soziologe Robert Evans legte eine kritische Evaluierung der Prognosen in seinem Buch *Macroeconomic Forecasting. A Sociological Appraisal*, Routledge 1999, vor, in dem er auch Interviews mit britischen Prognostikern führte, die anschaulich die manipulative Rolle des Finetunings bestätigen.

46 Wer will und Zeit hat, mag sich einmal das Nobelpreis-Interview anschauen (www.nobelprize.org). Nach etwa zwanzig Minuten wagt es der Moderator anzusprechen, dass viele Menschen von den wirtschaftlichen Prognosemodellen nicht viel halten. Die Stimmung der beiden frischgebackenen Nobelpreisträger gefriert unmittelbar, und nur Thomas Sargent, der mit Christopher Sims gemeinsam den Preis erhielt, antwortet ausweichend. Der Moderator ist dann so nett und wechselt schnell das Thema. Schön ist auch zu sehen, wie die beiden sich später winden, um zu erklären, dass sie die Immobilienkrise nicht vorhergesehen haben. Christopher Sims sagt an einer Stelle, dass manche Leute solche Szenarien berechneten, aber nicht daran glaubten. Hier sieht man schön, dass die Prognostiker ihren eigenen Modellen nicht trauen. Wenn etwas herauskommt, das sie selbst nicht glauben, unterdrücken sie das Ergebnis.

47 Natürlich bilden Geld und Ruhm einen wesentlichen Anreiz bei professionellen Spielern; *im Spiel* darf man aber weder an das Geld noch an den Ruhm denken, denn sonst verliert man mit höherer Wahrscheinlichkeit.

48 Tobin gehört zu der Generation Wissenschaftler vor der eigentlichen mathematischen Revolution in der Finanzmarkttheorie. Zusammen mit Forschern wie Markowitz und Shape hat er erste wichtige Schritte auf dem Weg dorthin geleistet. So entwickelte er wesentlich das so genannte Capital-Asset-Pricing-Modell, das unter simplen Annahmen an das Verhalten der Menschen eine hübsche Gleichung zwischen der erwarteten Rendite einer Aktie und ihrer Varianz herstellt.

49 Sie sollten solche Schätzungen nicht ernstnehmen. Es ist sehr schwer, in einem komplexen internationalen Umfeld die Feedback-Effekte einer Steuer zu prognostizieren, da Sie die Reaktion der Anleger auf die Steuer nicht sicher vorhersagen können. Es ist hier übrigens ganz sinnvoll, wird aber leider kaum gemacht, die ursprünglichen prognostizierten Einnahmen einer Steuer mit den tatsächlich realisierten zu vergleichen. Im Übrigen gibt oder gab es solche Börsensteuern schon in vielen Ländern; die Erfahrungen sind nicht immer so schlecht wie in Schweden. In Großbritannien gibt es schon seit Jahrhunderten eine »Stempelsteuer«, die auch einmal durch das Reichsstempelgesetz zu Kaiserzeiten in Deutschland kopiert wurde. Die tatsächliche Wirkung von Börsenumsatzsteuern wurde empirisch vielfach untersucht; eine klassische Arbeit hierzu stammt von John Y. Campbell und Kenneth A. Froot, »International Experiences with Securities Transaction Taxes«, *The Internationalization of Equity Markets*, University of Chicago Press 1994. Die Schlussfolgerung lautet wohl, dass es stark auf die technische Ausgestaltung einer solchen Steuer ankommt. Da ich grundsätzlich der Auffassung bin, dass es bessere Wege gibt, den Finanzmarkt zu steuern, gehe ich hierauf nicht weiter ein.

50 www.fmsa.de/de/bankenabgabe.

51 Hier werden gewisse Positionen ausgeblendet, die man für nicht risikorelevant hält. Dazu gehören etwa die Kundeneinlagen.

52 Laut *Handelsblatt* vom 3. Januar 2012 (Antwort der Bundesregierung an Manfred Zöllner von der SPD) nutzen 85 Prozent der Institute die Zumutbarkeitsgrenze aus.

53 Klassische Experimente dieser Art finden sich etwa bei Vernon Smith, etwa Vernon L. Smith, Gerry L. Suchanek und Arlington W. Williams,»Bubbles, Crashes, and Endogenous Expectations in Laboratory Asset Markets«, *Econometrica* 5/1988. Die realen Verluste durch Leerverkaufsverbote auf echten Märkten werden auch in einer neuen Arbeit beschrieben, die Daten von 2005 bis 2008 untersucht: Pedra A. C. Saffi und Kari Sigurdsson,»Price Efficiency and Short Selling«, *Review of Economic Studies* 3/2011.

54 Glauben Sie nicht? Lassen Sie mich versuchen, es Ihnen näher zu bringen, indem ich kurz erkläre, wie man die Forderung»Spekulieren soll bestraft werden« in Mathematik übersetzt. Sie spiegelt sich in der mathematischen Eigenschaft der *Konvexität* einer Funktion. Eine konvexe Funktion hat einen Hängebauch, wenn man sich das mal anschaulich machen möchte, wie Sie in Abbildung 17 sehen. An Hand dieses Bildes möchte ich erklären, warum»Spekulieren bestrafen« und»Konvexität« ein und dasselbe sind.
In dem Bild soll die Variable x angeben, wie viel Prozent Ihres Vermögens Sie riskant angelegt haben. Auf der y-Achse tragen wir dann ab, wie stark ich Sie dafür bestrafe (mein Risikomaß). Wenn Sie 0 Prozent Ihres Vermögens riskant anlegen, ist es sinnvoll, dass wir gar nicht strafen, also ist das Risikomaß auch null. Wenn Sie alles riskant anlegen, also x = 100 = 1 ist, bestrafen wir Sie mit irgendeinem Betrag; ich habe den Betrag hier gleich 100 gesetzt, aber auch jeder andere Betrag ist für dieses Beispiel möglich. Wenn Sie nun die Hälfte Ihres Vermögens riskant anlegen, könnte man sagen, dass das Risiko halb so hoch ist, also kämen wir auf 50 als Strafe oder Risikomaß. Aber wir wollen Sie ja dafür belohnen, dass Sie sich nun absichern und, wie man sagt,»diversifiziert« haben, also nicht mehr alles auf eine Karte setzen. Genau das leistet der Hängebauch! Wie Sie an Hand der Funktion sehen, ist der Wert der Funktion bei x = 0,5 viel niedriger als 50: Er beträgt hier 12,5 (wobei die Zahlen keine Rolle spielen, denn es geht nur um das Prinzip). Wir belohnen also das Absichern gegen Risiko überproportional, wenn wir Risiko mit einer konvexen Funktion messen!
Man kann dies auch noch aus einem anderen Blickwinkel betrachten: Stellen Sie sich vor, dass wir bei null Risiko, also x = 0 starten, und langsam die Anteile an riskanten Anlageformen erhöhen. Am Anfang zahlen wir dann für ein»bisschen Risiko« fast gar nichts pro Prozent, danach steigt die»Strafe pro Prozent Risiko« immer stärker an. Das ist genau, was wir wollen: Spekulieren soll bestraft werden. Damit habe ich Sie hoffentlich überzeugt, dass man die gewünschten Eigenschaften der Risikomessung mathematisch erfassen kann.

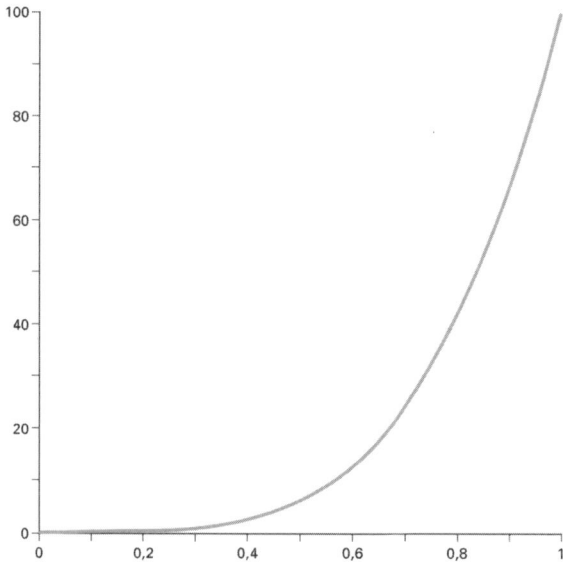

Abbildung 17: Eine konvexe Funktion hat einen Hängebauch.

55 Wenn X die (zufälligen, unsicheren) Auszahlungen eines Portefeuilles in der Zukunft beschreibt, so sieht das Risiko von X laut dieser Theorie so aus:

$$\rho(X) = \max_{P \in \mathcal{P}} E^P(-X)$$

Hierbei steht E^P für den Erwartungswert unter einer Verteilung P. Vernünftige Risikomaße schauen also auf erwartete mittlere Verluste, nicht auf Quantile, wie Value at Risk. Ferner muss man eine Klasse von möglichen Verteilungen $\mathcal{P}$ zulassen. Man soll also einen *robusten* Ansatz wählen. Für die Praxis bedeutet dies, dass man nicht einfach blind an seine Excel-Tabellen mit den geschätzten oder kalibrierten Parametern glauben soll, sondern eine ganze Brandbreite von Szenarien um diese Parameter herum betrachten soll.

56 Der Erwartungswert des ersten Portefeuilles im Beispiel beträgt: –1 000 000 Euro × 2 % – 100 000 Euro × 3 % + 1 000 000 Euro × 95 % = 927 000 Euro.
Für das zweite Portefeuille ergibt sich der erwartete (negative) Wert von –1 053 000 Euro, weil man eben auf dem Ereignis A 100 Millio-

nen Euro mit 2 Prozent Wahrscheinlichkeit verliert. Die Mittelwerte reagieren natürlich sehr stark auf das Hebeln der Verluste. Weiter unten besprechen wir das bessere Risikomaß Expected Shortfall, das die bedingten erwarteten Verluste ausrechnet, gegeben dass überhaupt Verluste in Höhe des Value at Risk auftreten. Man betrachtet also nur die Ereignisse A und B, mit den jeweiligen bedingten Wahrscheinlichkeiten 7 zu 3 beziehungsweise 40 und 60 Prozent. Dann ergibt sich für das erste Portefeuille ein Expected Shortfall von 460 000 Euro und für das zweite Portefeuille ein Expected Shortfall von 40 060 000 Euro. Das verdeutlicht vielleicht noch einmal, welche Summen Value at Risk ignoriert.

57 Wie ich schon erläutert habe, sind Streuungen *nach oben*, also unerwartet hohe Gewinne, kein Problem, wenn wir uns für die Stabilität der Märkte kümmern. Aus diesem Grund ist das klassische statistische Maß für die Streuung, die Varianz, kein gutes Risikomaß.

58 Ökonomisch gebildeten Lesern sei an dieser Stelle erläutert, dass man durchaus eine Nutzenfunktion hinzufügen kann, die eine spezifische Risikoaversion abbildet. Notwendig ist es aber zunächst nicht.

59 Die grundlegende Arbeit stammt von Philippe Artzner, Freddy Delbaen, Jean-Marc Eber und David Heath, »Coherent Measures of Risk«, *Mathematical Finance* 3/1999. Mein Doktorvater Hans Föllmer hat zusammen mit Alexander Schied von der Universität Mannheim eine ausführliche Analyse aller Risikomaße in dem wichtigen Lehrbuch *Stochastic Finance* vorgelegt, de Gruyter 2004. Wie man in solchen Modellen mit neuen Informationen umgeht, habe ich in einer Arbeit aus dem Jahre 2004 (Dynamic Coherent Risk Measures, *Stochastic Processes and Their Applications* 12/2004), gezeigt. Es gibt inzwischen auch eine fast vollständige Literatur zu der Frage, wie man solche Maße auf Finanzmärkten anwenden kann und wie man sie berechnet. Amerikanische Optionen behandele ich etwa in einer Arbeit in der Zeitschrift *Econometrica* aus dem Jahre 2009.

60 Sie wird unter anderem in einer meiner Arbeiten beschrieben: »The Third Generation (UMTS) Spectrum Auction in Germany«, *ifo Studien* 48/2002, S. 123–143, mit Veronika Grimm und Elmar Wolfstetter.

Misstrauen Sie Ihrer Bank!

Olaf Kumpfert · **Zinsklau**
Wie Banken uns ausrauben
416 Seiten mit zahlreichen Abbildungen, Hardcover mit Schutzumschlag
€ [D] 19,99 · € [A] 20,60
ISBN 978-3-430-20128-5

Hätten Sie gedacht, dass Banken falsch rechnen? Regelmäßig werden Kunden
bei der Zinsberechnung übers Ohr gehauen, der Schaden der Verbraucher geht
in die Milliarden. Es könnte jeden treffen, der seinen Dispo nutzt oder sein
Haus oder seinen Betrieb mit Hilfe einer Bank finanziert hat.
Olaf Kumpfert hat eine Fülle schockierender Fälle recherchiert. Er enthüllt die
gängigsten Zinsklau-Methoden und beschreibt, wie sich Gerichte,
Staatsanwaltschaften, Politik und Bankenaufsicht wegducken.
Ein erschütternder Bericht über die die tragischen Schicksale der Opfer
und die skrupellosen Methoden der Banken.

Econ

Hinter verschlossenen Türen

Neil Irwin · **Die Alchemisten**
Die geheime Welt der Zentralbanker
ca. 400 Seiten · Hardcover mit Schutzumschlag
€ [D] 26,00 · € [A] 26,80
ISBN 978-3-430-20126-1

Ihre Aufgabe ist sensibel, ihre Macht ist groß. Ein unbedachtes Wort kann weltweit Krisen auslösen und politische Erdbeben verursachen. Irwin gewährt seinen Lesern atemberaubende Einblicke in die Welt der Zentralbanker in Zeiten der internationalen Finanzkrise.

»Irwin scheint mit jedem gesprochen und die wichtigsten Abweichler in der Bundesbank, der EZB, der FED und der Bank of England interviewed zu haben.«
New York Times

»Eine detail- und temporeiche Darstellung der gefährlichen Krisenjahre«
Wall Street Journal

Die Welt des Josef Ackermann

Stefan Baron · **Späte Reue**
Josef Ackermann – eine Nahaufnahme
304 Seiten mit Bildteil, gebunden mit Schutzumschlag
€ [D] 24,99 · € [A] 25,70
ISBN 978-3-430-20154-4

Ein Jahrzehnt lang war Josef Ackermann Chef der Deutschen Bank.
Sein *Victory*-Zeichen im Gerichtssaal und sein Renditeziel von 25 Prozent machten
ihn für viele zum Buhmann der Nation. Dann stellt ihn die Finanzkrise vor die
Herausforderung seines Lebens – und bringt eine andere, bis dahin unbekannte
Seite seiner Persönlichkeit zum Vorschein. Stefan Baron, während der Krisenjahre
Kommunikationschef der Deutschen Bank, zeichnet ein bestechend scharfes Porträt
des wichtigsten deutschen Wirtschaftsführers der vergangenen Jahre.

Econ